Auxiliar de Enfermería

COMUNIDAD AUTÓNOMA DE EXTREMADURA

Si aún no dispones de tu **Curso MAD360**, te ofrecemos un acceso GRATIS de 30 días para que disfrutes de los siguientes recursos:

- Técnicas de Memoria 360.
- MADTEST: Test Nivel PRO.
- Temario en formato digital.
- Planificación de estudio.
- Foro entre opositores hasta la fecha del examen.*
- Recursos y novedades exclusivas.
- Consulta sobre la oposición y el proceso selectivo.
- Actualizaciones legislativas (Boletines Oficiales) hasta 60 días antes de la fecha del examen.*

Para acceder a esta prueba del Curso MAD360** será necesaria la compra de todos los libros para esta especialidad de la edición 2025.

Regístrate en **mad.es/iniciar-sesion** y en la pestaña BIBLIOTECA valida los códigos que encuentras en la última página de tus libros.

NOTA IMPORTANTE:

* Examen de esta categoría profesional correspondiente a la convocatoria publicada en el DOE n.º 250, de 27 de diciembre de 2024, o hasta el 31 de marzo de 2026, lo que se cumpla antes, y previa renovación del servicio.

** El acceso al CURSO MAD360 estará disponible desde marzo de 2025 (algunos recursos podrían estar disponibles en fecha posterior). Tendrá una duración de 30 días RENOVABLES mediante pago, desde la validación de códigos, o hasta el 30 de septiembre de 2026, lo que se cumpla antes.

MAD se reserva el derecho a ampliar dichas fechas.

Auxiliar de Enfermería de la Administración de la Comunidad Autónoma de Extremadura

Marzo, 2025

Auxiliar de Enfermería de la Administración de la Comunidad Autónoma de Extremadura

Test

Autores

CARMEN ROSA JUNQUERA VELASCO
Diplomada Universitaria en Enfermería

M.ª DEL CARMEN SILVA GARCÍA
Diplomada Universitaria en Enfermería

LIDIA MARINA PONCE MARTÍNEZ
Licenciada en Psicología

JUAN MANUEL GIL RAMOS
Licenciado en Medicina

HERMINIA ANDRADES ROMERO
Diplomada en Fisioterapia

ADELA EMILIA GÓMEZ AYALA
Licenciada en Farmacia

FRANCISCO JESÚS TORRES FONSECA
Licenciado en Derecho

© 7 Editores Recursos para la Cualificación Profesional y el Empleo, S.L. (7 Editores)
© Los autores
Primera edición, febrero 2025 (170 páginas)
Derechos de edición reservados a favor de 7 Editores
IMPRESO EN ESPAÑA
Diseño Portada: 7 Editores
Edita: 7 Editores
Avda. San Francisco Javier, 9 · Edificio Sevilla 2 · Planta 11 · Módulos 25-27 · 41018 Sevilla
Teléfono: 954 784 411 · WEB: www.mad.es · e-mail: administracion@7editores.com
ISBN: 978-84-142-9274-7
© "Editorial Mad" y "Eduforma" son nombres comerciales registrados de
7 Editores Recursos para la Cualificación Profesional y el Empleo, S.L.

Índice

TEST N.º 1

Centros Residenciales. Destinatarios. Servicios. Alternativas a la institucionalización del anciano. Red de recursos

1. La atención hospitalaria se ve caracterizada por:

a) Una amplia gama de pacientes y enfermedades.
b) Una edad media de sus usuarios cada vez mayor.
c) Un amplio equipo de especialistas.
d) Una amplia gama de recursos.

2. En la actualidad, se tiende a mantener a los ancianos:

a) En su entorno habitual.
b) En residencias especializadas.
c) En unidades aisladas.
d) En trabajos mantenidos.

3. La prestación básica de información, valoración y orientación se concreta en:

a) Facilitar información individual, grupal y comunitaria tendente a dar a conocer a los ciudadanos sus derechos, recursos existentes, procedimientos o alternativas disponibles en el ámbito de los Servicios Sociales.
b) Canalizar las demandas recibidas a las unidades de servicios sociales correspondientes, así como derivarlas a otros servicios sociales especializados, si fuera conveniente.
c) Elaboración de estudios de necesidad en la zona objeto de intervención, con la finalidad de establecer la relación entre los recursos existentes y las necesidades detectadas.
d) Todas son ciertas.

4. Entre los objetivos de la ayuda a domicilio no se encuentra:

a) Mejorar la calidad de vida de las personas o grupos familiares con dificultades en su autonomía.
b) Prevenir situaciones de necesidad y deterioro personal y social.

c) Potenciar el ingreso en centros o establecimientos residenciales.

d) Apoyar a grupos familiares en sus responsabilidades de atención.

5. Los usuarios de la prestación de Ayuda a Domicilio tendrán derecho a:

a) Corresponsabilizarse en el coste de la prestación, en función de su capacidad económica y patrimonial.

b) Adoptar una actitud colaboradora y correcta en el desarrollo de la prestación.

c) Aportar cuanta información se le requiera en orden a la valoración de las circunstancias personales, familiares y socioeconómicas que determinen la necesidad de la prestación.

d) Recibir adecuadamente la prestación con el contenido y la duración que en cada caso se considere.

6. ¿Cuál de las siguientes afirmaciones sobre la convivencia e inserción social es falsa?

a) Tiene por objeto la prestación de alojamiento definitivo a las personas mayores.

b) Corresponde a este servicio el análisis e investigación de las causas que conducen a la carencia del hogar o el deterioro de la convivencia en la familia, asesorando sobre la procedencia o improcedencia de la reintegración familiar y sus formas alternativas.

c) Este servicio será responsable de prestar apoyos necesarios a las personas que tengan que desplazarse para recibir servicios asistenciales a lugares distantes del domicilio familiar.

d) La prestación de Convivencia e Inserción se materializará en las siguientes actuaciones: prevención específica de situaciones de marginación social, desarrollo de actividades específicas e inespecíficas de prevención e inserción social y alojamiento alternativo de estancias temporales en equipamientos que estén integrados en la red básica, para dar respuesta a aquellas demandas de ciudadanos que carezcan de una adecuada estructura de convivencia familiar.

7. La provisión de cuidados a los ancianos residentes en sus domicilios se realiza desde 3 enfoques diferentes:

a) Autocuidados, cuidado informal y cuidado formal.

b) Cuidados psíquicos, físicos e integrales.

c) Autocuidados, debilidades y suplencias.

d) Ninguna es cierta.

8. Para lograr los objetivos marcados en la atención al anciano contamos con varias actividades, entre las que no encontramos:

a) Educación para la salud.

b) Atención domiciliaria.

c) Excursiones programadas.

d) Vacunaciones.

9. Si vamos a implantar un programa de educación para la salud en el anciano, debemos tener en cuenta:

a) Las prioridades de la sociedad.
b) El nivel sociocultural de la población.
c) La institución de nuevos métodos.
d) Todas son ciertas.

10. Del examen de salud que realicemos al anciano, derivará:

a) La detección precoz de la enfermedad.
b) La implantación de métodos de aprendizaje.
c) El tratamiento a instaurar.
d) La asignación de facultativo.

11. La visita domiciliaria se efectúa principalmente a:

a) Mayores de 80 años.
b) Jubilados.
c) Personas que viven lejos del centro.
d) Todas son ciertas.

12. Principalmente, vacunamos al anciano frente:

a) Tétanos.
b) Varicela.
c) Triple vírica.
d) VIH.

13. La atención al medio del anciano debe abordar:

a) Atención a los planos físicos.
b) Atención a los planos sociales.
c) Ayudas económicas.
d) Todas son ciertas.

14. Existen algunos elementos que pueden dificultar la atención individualizada e integral al anciano en atención primaria de salud, entre los que no encontramos:

a) La sobrecarga asistencial.
b) La insuficiente formación en gerontología de los profesionales.
c) La falta de recursos.
d) La dificultad en la coordinación entre la atención primaria y la especializada.

15. En el año 2010 la OMS lanza su iniciativa global para el cuidado del anciano, que consiste en:

a) La conveniencia de implementar equipos multidisciplinares de atención geriátrica.
b) Ciudades que favorezcan a las personas mayores.
c) Integración del anciano en el mercado laboral.
d) Instauración de nuevas residencias de ancianos donde se pueda ofrecer un cuidado integral a los mismos.

16. ¿Cuál de las siguientes es una actuación incluida en la prestación básica de Ayuda a Domicilio?

a) Realización de cirugías menores en el domicilio del usuario.
b) Acompañamiento fuera del hogar para la realización de gestiones.
c) Atención hospitalaria especializada.
d) Servicios educativos para menores en riesgo social.

17. ¿Qué servicio se encarga de ofrecer protección y apoyo a mujeres víctimas de violencia de género en Extremadura?

a) El Instituto Municipal de Servicios Sociales.
b) La Unidad de Coordinación de Violencia sobre la Mujer de Extremadura.
c) El Sistema para la Autonomía y Atención a la Dependencia (SAAD).
d) Los Servicios Sociales de Atención Social Básica.

18. ¿Qué función tienen los Servicios Sociales de Atención Social Básica en Extremadura?

a) Ofrecer atención sanitaria primaria a la población.
b) Brindar información, valoración y orientación sobre recursos sociales.
c) Proporcionar atención médica a personas en situación de dependencia.
d) Gestionar directamente la concesión de ayudas económicas.

19. ¿Cuál de las siguientes es una obligación de los usuarios de la prestación de Ayuda a Domicilio?

a) Contribuir al coste del servicio según su capacidad económica y patrimonial.
b) Recibir el servicio sin necesidad de aportar información sobre su situación personal.
c) No informar sobre cambios en su situación económica o social.
d) Exigir más de dos horas diarias de prestación sin justificación.

20. ¿En qué casos está especialmente indicada la visita domiciliaria desde los Centros de Salud?

a) En personas mayores de 80 años o con invalidez grave que no pueden acudir al Centro de Salud.

b) En cualquier paciente, sin importar su estado de salud o movilidad.

c) Solo en pacientes que soliciten consulta programada para enfermedades crónicas.

d) Exclusivamente para la administración de vacunas.

En MADTEST tienes **más preguntas de este tema**, y todos tus avances quedan registrados y se reflejan en el ranking.

¡Supera tus límites con MADTEST!

Solución al test n.º 1

1. b) Una edad media de sus usuarios cada vez mayor.

2. a) En su entorno habitual.

3. d) Todas son ciertas.

4. c) Potenciar el ingreso en centros o establecimientos residenciales.

5. d) Recibir adecuadamente la prestación con el contenido y la duración que en cada caso se considere.

6. a) Tiene por objeto la prestación de alojamiento definitivo a las personas mayores.

7. a) Autocuidados, cuidado informal y cuidado formal.

8. c) Excursiones programadas.

9. b) El nivel sociocultural de la población.

10. c) El tratamiento a instaurar.

11. a) Mayores de 80 años.

12. a) Tétanos.

13. d) Todas son ciertas.

14. c) La falta de recursos.

15. b) Ciudades que favorezcan a las personas mayores.

16. b) Acompañamiento fuera del hogar para la realización de gestiones.

17. b) La Unidad de Coordinación de Violencia sobre la Mujer de Extremadura.

18. b) Brindar información, valoración y orientación sobre recursos sociales.

19. a) Contribuir al coste del servicio según su capacidad económica y patrimonial.

20. a) En personas mayores de 80 años o con invalidez grave que no pueden acudir al Centro de Salud.

TEST N.º 2

Atención de el/la Auxiliar de Enfermería en la persona anciana. Cambios físicos asociados al envejecimiento. Medidas de apoyo a la persona cuidadora del anciano. Proceso asistencial integrado al paciente crónico complejo en Extremadura. Definición global, destinatarios y proveedores

1. ¿Cuántos años aproximadamente más se incrementa la esperanza de vida en España al llegar una persona a la edad de 65 años?

a) Se incrementa aproximadamente 4 años.
b) Se incrementa aproximadamente 8 años.
c) Se incrementa aproximadamente 18 años.
d) Se incrementa aproximadamente 25 años.

2. ¿Qué factor de los que hay que tener en cuenta por el incremento de gerontes en la población es el que se traduce por un aumento de la frecuencia absoluta de enfermedades en el anciano?

a) Factor social.
b) Factor económico.
c) Factor terapéutico.
d) Factor epidemiológico.

3. La vejez propiamente dicha se denomina también:

a) Madurez precoz.
b) Decrepitud.
c) Madurez tardía.
d) Caquexia senil.

4. ¿Qué edad expresa la capacidad de mantener los roles personales y la integración social del individuo en la comunidad, para lo que se precisa conservar razonables cotas de capacidades físicas?

a) Edad cronológica.
b) Edad biológica.

c) Edad psicológica.

d) Edad funcional.

5. ¿Cómo se denomina la relación que se produce al dividir a la población ≥ de 65 años entre la población de los menores de 0 a 14 años?

a) Tasa Juvenil.

b) Coeficiente de juventud.

c) Índice o coeficiente de renovación.

d) Índice de reposición.

6. ¿Qué dispositivo de carácter social o de apoyo a la convivencia consideras una institución cerrada?

a) Asilos.

b) Clubes de ancianos (hogar del pensionista).

c) Ayuda a domicilio.

d) Centros de día.

7. ¿Cuál de los dispositivos de carácter sanitario a nivel geriátrico es de segundo nivel?

a) Centros de salud.

b) Hospital de día geriátrico.

c) Hospital de cuidados continuados.

d) Ninguno de los anteriores.

8. ¿Qué circunstancias de las que se nombran son más acordes con el anciano frágil?

a) Posee una edad generalmente superior a los 65 años, con alteraciones funcionales, al límite entre lo "normal" y "patológico", en equilibrio inestable y con adaptación de los trabajos funcionales a sus posibilidades reales de rendimiento.

b) Es una persona de edad (mayor), que sufre alguna enfermedad (aguda o crónica) pero no cumple ningún otro requisito de los citados anteriormente.

c) Posee una edad generalmente superior a los 80 años, que sufre una o varias enfermedades que le producen algún riesgo de incapacidad, o una cierta incapacidad leve, que sigue tratamiento farmacológico (uno o varios medicamentos), que vive en la comunidad, generalmente solo o en compañía de otra persona mayor, que ha sufrido un cambio reciente de domicilio, o que ha estado hospitalizado en los últimos doce meses, que precisa atención profesional domiciliaria y cuyos recursos socioeconómicos son limitados.

d) Sufre problemas mentales y/o sociales en relación con su estado de salud y que requiere institucionalización.

9. ¿Qué modificaciones de la piel del anciano es incorrecta?

a) Se va volviendo descolorida.
b) Aumenta en ella el grosor de los vasos sanguíneos.
c) Se vuelve más húmeda y con ello sudorosa y menos frágil.
d) Todo lo anterior es correcto.

10. ¿Qué sentidos de estos disminuyen fisiológicamente con la ancianidad?

a) Vista.
b) Gusto.
c) Olfato.
d) Todos los anteriores.

11. ¿Qué signo o síntoma del anciano es aquel que se muestra con el cuidador en forma de agresiones verbales?

a) De miedo.
b) De aislamiento.
c) De hostilidad.
d) De deterioro cognitivo.

12. ¿Qué se define como el proceso diagnóstico, estructurado, dinámico, multidimensional e interprofesional que nos permite identificar las capacidades del mayor, los problemas y las necesidades en los ámbitos clínico, funcional, mental y socioambiental de la persona mayor?

a) La valoración geriátrica integral.
b) La valoración estructurada por Necesidades Básicas.
c) La valoración estructurada por Patrones Funcionales de Salud
d) La valoración estructurada por Patrones Anatómicos de Salud.

13. ¿Qué objetivo no es correcto de la valoración geriátrica integral?

a) Evitar que se produzca la institucionalización del anciano.
b) Asignar los servicios, ayudas técnicas y sobre todo incorporar al paciente a los programas que más se ajustan a sus necesidades.
c) Conocer los recursos del paciente y su entorno social, familiar y ambiental.
d) Evitar dando privilegios fomentando una ubicación adecuada en caso de institucionalización del anciano.

14. Si en la Escala de Barthel, que mide las ABVD, el paciente obtiene 70 puntos, indica que es:

a) Independiente.
b) Dependiente leve.

c) Dependiente moderado.
d) Dependiente grave.

15. ¿Cuántos puntos máximo posee la Escala de Tinetti, en su primera parte dedicada al equilibrio?

a) 6.
b) 12.
c) 16.
d) 28.

16. ¿Cuántos ítems posee el Índice de Barthel?

a) 5.
b) 10.
c) 15.
d) 20.

17. ¿Qué valoración, dentro de la valoración geriátrica integral, va dirigida a identificar y evaluar alteraciones en la capacidad de realizar funciones intelectuales, de forma que nos aporte información de interés respecto a su capacidad para desarrollar sus actividades cotidianas, incluido el trabajo, así como su capacidad de autocuidado?

a) Valoración clínica.
b) Valoración funcional.
c) Valoración cognitiva.
d) Valoración social.

18. ¿Cuál es el objetivo principal del proceso asistencial integrado (PAI) del paciente crónico complejo (PCC)?

a) Definir un modelo asistencial adaptado a las necesidades de los PCC para el Servicio Extremeño de Salud, basado en una asistencia integrada sobre los ejes clínico, mental, funcional y social, que mejoren la salud y la calidad de vida de pacientes y cuidadores, y sea más eficiente.

b) Promover la autonomía y la atención preferente en el entorno de vida del paciente, siempre que las condiciones particulares lo permitan.

c) Establecer un plan de rehabilitación funcional después de cada exacerbación o proceso mórbido dirigido a recuperar, si lo precisara, las capacidades perdidas que sean potencialmente reversibles.

d) Fomentar la participación de los profesionales en la mejora del proceso asistencial destacando los aspectos de seguridad, experiencia del paciente y eficiencia de la atención.

19. ¿Qué organismo gestiona el PAI del PCC en Extremadura?

a) Ministerio de Sanidad.
b) Servicio Extremeño de Salud (SES).
c) Instituto Nacional de la Seguridad Social (INSS).
d) Organización Mundial de la Salud (OMS).

20. ¿Cuál de las siguientes afirmaciones sobre el PAI del PCC es correcta?

a) Es un modelo de gestión rígido e inmutable.
b) No se adapta a los recursos de cada área sanitaria.
c) Debe evaluarse periódicamente y modificarse según los resultados obtenidos.
d) Solo se aplica a pacientes con enfermedades cardiovasculares.

En MADTEST tienes **más preguntas de este tema**, y todos tus avances quedan registrados y se reflejan en el ranking.

¡Supera tus límites con MADTEST!

Solución al test n.º 2

1. c) Se incrementa aproximadamente 18 años.

2. d) Factor epidemiológico.

3. c) Madurez tardía.

4. d) Edad funcional.

5. c) Índice o coeficiente de renovación.

6. a) Asilos.

7. b) Hospital de día geriátrico.

8. c) Posee una edad generalmente superior a los 80 años, que sufre una o varias enfermedades que le producen algún riesgo de incapacidad, o una cierta incapacidad leve, que sigue tratamiento farmacológico (uno o varios medicamentos), que vive en la comunidad, generalmente solo o en compañía de otra persona mayor, que ha sufrido un cambio reciente de domicilio, o que ha estado hospitalizado en los últimos doce meses, que precisa atención profesional domiciliaria y cuyos recursos socioeconómicos son limitados.

9. c) Se vuelve más húmeda y con ello sudorosa y menos frágil.

10. d) Todos los anteriores.

11. c) De hostilidad.

12. a) La valoración geriátrica integral.

13. d) Evitar dando privilegios fomentando una ubicación adecuada en caso de institucionalización del anciano.

14. b) Dependiente leve.

15. c) 16.

16. b) 10.

17. c) Valoración cognitiva.

18. a) Definir un modelo asistencial adaptado a las necesidades de los PCC para el Servicio Extremeño de Salud, basado en una asistencia integrada sobre los ejes clínico, mental, funcional y social, que mejoren la salud y la calidad de vida de pacientes y cuidadores, y sea más eficiente.

19. b) Servicio Extremeño de Salud (SES).

20. c) Debe evaluarse periódicamente y modificarse según los resultados obtenios.

Patologías psicogeriátricas. Enfermedad de Alzheimer y otras demencias. Criterios y grados. Cuidados de el/la Auxiliar de Enfermería en el anciano con patologías psicogeriátricas

1. La definición de la OMS de salud mental dice que es el resultado de la presencia de aspectos, necesarios para alcanzar un estado de completo bienestar de tipo:

a) Psicológico, afectivo y ambiental sobre la salud.
b) Psicológico, afectivo y social sobre la salud.
c) Afectivo, social y ambiental sobre la salud.
d) Físico, psicológico y social sobre la salud.

2. ¿Qué aspectos multifactoriales se recogen en un mismo individuo?

a) Aspectos físicos, psíquicos, religiosos, culturales y ambientales.
b) Aspectos físicos, psíquicos, socioeconómicos y ambientales.
c) Aspectos físicos, sociales, éticos, psíquicos y ambientales.
d) Aspectos físicos, psíquicos, sociales, culturales y ambientales.

3. ¿Qué concepto implica que el hecho de la existencia de una relación de afecto, emoción o sentimiento de la persona vaya a tener repercusiones somáticas positivas o negativas, tales como cefaleas, náuseas, diarreas, etc.?

a) El concepto de dinamismo.
b) El concepto de interacción.
c) El concepto de normalidad.
d) El concepto de aversión.

4. ¿Qué número de edición es la vigente del *Manual diagnóstico y estadístico de los trastornos mentales de la Asociación Estadounidense de Psiquiatría* (DSM)? La edición:

a) Segunda.
b) Tercera.
c) Cuarta.
d) Quinta.

5. ¿Cuántas categorías de trastornos mentales incluye la actual clasificación de trastornos mentales de la Asociación Estadounidense de Psiquiatría DSM?

a) 18.
b) 22.
c) 30.
d) 35.

6. ¿Qué clasificación de trastornos mentales recomienda la OMS que se use?

a) DSM- V.
b) CIE- 10.
c) DMS- III.
d) ASLO- V.

7. La ansiedad es un trastorno de tipo:

a) Psicótico.
b) Neurótico.
c) Sociopático.
d) Psicopático, asociado a toxicomanías.

8. ¿Qué característica presenta el nivel de ansiedad donde el individuo presenta una atención selectiva y un campo perceptivo disminuido?

a) Nivel de ansiedad leve.
b) Nivel de ansiedad moderado.
c) Nivel de ansiedad severo.
d) Ausencia.

9. El miedo irracional a los espacios abiertos se denomina:

a) Claustrofobia.
b) Dismorfobia.
c) Agorafobia.
d) Eritrofobia.

10. ¿Qué se denomina como contenidos o actividades psíquicas que se imponen en un individuo a pesar suyo?

a) Neurosis.
b) Fobia.
c) Obsesión.
d) Ilusión.

11. ¿Qué trastorno presentan las personas con el cuadro clínico típico de *flashbacks*?

a) Trastorno obsesivo-compulsivo.
b) Trastorno de estrés traumático.
c) Trastorno fóbico.
d) Trastorno de ansiedad generalizada.

12. Según la DMS los trastornos del estado de ánimo o afectivos denominados trastornos depresivos, incluyen:

a) Las fobias y los trastornos bipolares.
b) El episodio depresivo mayor, el episodio maníaco y el episodio mixto.
c) El trastorno depresivo mayor y el trastorno distímico.
d) Los trastornos bipolares y ciclotímicos.

13. ¿Qué trastorno del ánimo o afectivo (según DSM) pertenece al grupo de los trastornos depresivos?

a) Trastorno Depresivo Mayor.
b) Episodio maníaco.
c) Episodio mixto.
d) Trastorno bipolar.

14. ¿Qué otro nombre recibe los trastornos bipolares?

a) Ciclotimia.
b) Psicosis afectiva no polar.
c) Psicosis falsotímica.
d) Todos los anteriores son correctos.

15. ¿En qué momento del síndrome bipolar ciclotímico existe mayor riesgo de suicidio?

a) Al principio de la fase maníaca.
b) En el momento de la fase depresiva.
c) Al recuperarse de la fase depresiva.
d) Al recuperarse de la fase maníaca.

16. ¿Cuál es la edad de presentación más frecuente de la esquizofrenia?

a) Adolescencia y adulto joven.
b) Primera infancia.
c) Segunda infancia y adolescencia.
d) Adulto maduro (más de 45 años) y senectud.

17. La lentitud o inhibición del pensamiento que puede llegar hasta el bloqueo se denomina:

a) Taquipsiquia.
b) Bradifemia.
c) Bradipsiquia.
d) Verborrea.

18. ¿Qué teoría permitiría explicar cómo una enfermedad potencialmente heredada (Enfermedad de Alzheimer) permanece latente durante la juventud y la madurez, para expresarse fenotípicamente en el momento de la senectud?

a) Teoría monoclonal.
b) Teoría de las buenas causas.
c) Teoría de la apoptosis o muerte celular programada.
d) Teoría policlonal.

19. ¿Qué neurotransmisor está disminuido en la enfermedad de Alzheimer?

a) La acetilcolina.
b) La noradrenalina, dopamina y serotonina.
c) La histamina y otros neurotransmisores no nombrados.
d) Todos los anteriores pueden estar bajos en la enfermedad de Alzheimer.

20. ¿Qué demencias corticales de estas es de tipo primario?

a) Enfermedad de Parkison.
b) Enfermedad de Creutzfeldt-Jakob.
c) Enfermedad de Alzheimer.
d) Síndrome Wernicke-Korsakoff.

En MADTEST tienes **más preguntas de este tema**, y todos tus avances quedan registrados y se reflejan en el ranking.

¡Supera tus límites con MADTEST!

Solución al test n.º 3

1. b) Psicológico, afectivo y social sobre la salud.

2. b) Aspectos físicos, psíquicos, socioeconómicos y ambientales.

3. b) El concepto de interacción.

4. d) Quinta.

5. b) 22.

6. b) CIE- 10.

7. b) Neurótico.

8. b) Nivel de ansiedad moderado.

9. c) Agorafobia.

10. c) Obsesión.

11. b) Trastorno de estrés traumático.

12. c) El trastorno depresivo mayor y el trastorno distímico.

13. a) Trastorno Depresivo Mayor.

14. a) Ciclotimia.

15. c) Al recuperarse de la fase depresiva.

16. a) Adolescencia y adulto joven.

17. c) Bradipsiquia.

18. c) Teoría de la apoptosis o muerte celular programada.

19. d) Todos los anteriores pueden estar bajos en la enfermedad de Alzheimer.

20. c) Enfermedad de Alzheimer.

TEST N.º 4

Paciente diabético. Concepto de diabetes. Cuidados. Pie diabético

1. El diagnóstico de la diabetes se puede realizar por varios métodos entre los que encontramos:

a) Glucemia basal.
b) Glucemia al azar.
c) SOG.
d) Todas son ciertas.

2. Según la ADA no es un criterio diagnóstico de diabetes:

a) Hemoglobina glicosilada inferior a 5 %.
b) Glucemia basal superior o igual a 126 mg/dl.
c) TAG a las dos horas entre 140-200 mg/dl.
d) Glucemia al azar superior o igual a 200 mg/dl.

3. Entre las causas desencadenantes de la cetoacidosis diabética no encontramos:

a) Infecciones.
b) Cirugía.
c) Estrés.
d) Anemia.

4. ¿Cuál de las siguientes afirmaciones sobre la artropatía de Charcot es falsa?

a) Constituye el grado más avanzado del pie diabético.
b) Es una forma severa de osteoartrosis.
c) Presenta inflamación y úlceras muy dolorosas.
d) Suele estar ligado a agestes infecciosos como las pseudomonas spp, proteus ssp y los estreptococos.

5. Como norma en la DM2 usaremos una dosis inicial de insulina de:

a) 1 U/kg/día.
b) 0,1 U/kg/día.
c) 0,2 U/kg/día.
d) 3 U/kg/día.

6. ¿Cuál de las siguientes afirmaciones sobre la dieta de los pacientes diabéticos es falsa?

a) Se recomienda limitar el consumo de alcohol y sodio.
b) La comida se distribuirá en 6 tomas diarias.
c) Se deben restringir los hidratos de carbono a la mitad de la población sana.
d) Si hay determinaciones de glucemia inferiores a 110 mg/dl se recomienda una comida ligera antes de acostarse.

7. Los contenidos mínimos del seguimiento del paciente diabético incluye:

a) Control ponderal, si existe sobrepeso.
b) Control de nefropatía diabética mediante determinación de EUA y estimación del FG anuales.
c) HbA1c semestral.
d) Todas son ciertas.

8. Al paciente diabético hospitalizado hay que hacerle una evaluación integral:

a) A su llegada.
b) En las primeras 24 horas.
c) En las primeras 48 horas.
d) Dependerá de la zona hospitalaria en la que se encuentre.

9. En los niños diabéticos se realizará educación terapéutica (ET):

a) Solo en niños.
b) Solo en familiares.
c) Tanto en niños como en familiares.
d) Se retrasará la ET hasta la edad apropiada del paciente.

10. Un criterio para diabetes según la ADA es:

a) Glucemia basal >100 mg/dl.
b) HbA1c ≥6.5%.
c) Glucemia al azar <200 mg/dl.
d) Péptido C elevado.

11. La educación terapéutica en diabetes incluye:

a) Control de la dieta, ejercicio y automonitoreo.
b) Automonitoreo exclusivo.
c) Uso de fármacos sin dieta específica.
d) Reducción de insulina basal.

12. ¿Qué indicador mide el control glucémico promedio de los últimos tres meses?

a) Glucosa en ayunas.
b) HbA1c.
c) Péptido C.
d) Perfil glucémico.

13. En pacientes con diabetes tipo 1, el fenómeno del alba se caracteriza por:

a) Hipoglucemia nocturna.
b) Elevación de la glucosa matutina.
c) Insulinorresistencia nocturna.
d) Hipoglucemia reactiva.

14. ¿Qué tipo de insulina tiene un inicio rápido de acción (10-20 minutos)?
a) Lispro.
b) NPH.
c) Regular.
d) Glargina.

15. El test de O'Sullivan consiste en:

a) Administrar 75 g de glucosa y medir a las 2 horas.
b) Administrar 50 g de glucosa y medir a la hora.
c) Medir glucemia basal y postprandial.
d) Realizar una HbA1c.

16. ¿Cuál es el principal objetivo del Plan Integral de Diabetes de Extremadura (PIDIA) 2020-2024?

a) Garantizar la hospitalización de todas las personas con diabetes.
b) Frenar el aumento de la diabetes y mejorar la calidad de vida de los pacientes.
c) Eliminar la diabetes en Extremadura mediante campañas de vacunación.
d) Ofrecer atención exclusiva en hospitales especializados.

17. Según la Asociación Americana de Diabetes (ADA), ¿cuál es el tipo de diabetes más frecuente?

a) Diabetes tipo 1 (DM1).
b) Diabetes gestacional (DMG).
c) Diabetes tipo 2 (DM2).
d) Diabetes autoinmune latente del adulto (LADA).

18. ¿Qué porcentaje de la población extremeña mayor de 15 años declaró padecer diabetes según la Encuesta Nacional de Salud 2017?

a) 5,2 %
b) 9,19 %
c) 12,4 %
d) 15,6 %

19. ¿Cuál de las siguientes áreas de intervención NO forma parte del PIDIA?

a) Promoción de estilos de vida saludables.
b) Detección precoz y atención a personas con alto riesgo.
c) Hospitalización obligatoria de pacientes diabéticos.
d) Atención sanitaria integral a personas con diabetes.

20. ¿Qué medidas se promueven para la prevención de la diabetes tipo 2 en Extremadura?

a) Fomento de la alimentación saludable y la actividad física.
b) Prescripción obligatoria de medicamentos antidiabéticos a toda la población.
c) Eliminación de los hidratos de carbono en la dieta.
d) Aumento de la ingesta de azúcares naturales.

En MADTEST tienes **más preguntas de este tema**, y todos tus avances quedan registrados y se reflejan en el ranking.

¡Supera tus límites con MADTEST!

Solución al test n.º 4

1. d) Todas son ciertas.

2. a) Hemoglobina glicosilada inferior a 5 %.

3. d) Anemia.

4. c) Presenta inflamación y úlceras muy dolorosas.

5. c) 0,2 U/kg/día.

6. c) Se deben restringir los hidratos de carbono a la mitad de la población sana.

7. d) Todas son ciertas.

8. b) En las primeras 24 horas.

9. c) Tanto en niños como en familiares.

10. b) HbA1c ≥6.5%.

11. a) Control de la dieta, ejercicio y automonitoreo.

12. b) HbA1c.

13. b) Elevación de la glucosa matutina.

14. a) Lispro.

15. b) Administrar 50 g de glucosa y medir a la hora.

16. b) Frenar el aumento de la diabetes y mejorar la calidad de vida de los pacientes.

17. c) Diabetes tipo 2 (DM2).

18. b) 9,19 %

19. c) Hospitalización obligatoria de pacientes diabéticos.

20. a) Fomento de la alimentación saludable y la actividad física.

Incontinencia urinaria en el anciano. Definición y tipos. Sondas vesicales y catéteres: Tipos, cuidados y material necesario

1. ¿Cuál de los siguientes enunciados no corresponde con alguno de los factores que pueden propiciar la aparición de incontinencia urinaria en el anciano?

a) Las trasformaciones del aparato locomotor.
b) La polifarmacología.
c) La hidratación excesiva.
d) Las trasformaciones del aparato genitourinario.

2. ¿Cuál de los siguientes tipos de fármacos aumenta la frecuencia y el volumen de la orina?

a) Sedantes.
b) Betabloqueantes.
c) Anticolinérgicos.
d) Diuréticos.

3. ¿Cómo se denomina a la incontinencia de corta evolución, inferior a 4 semanas, y en la que la pérdida de la continencia se considera funcional, sin que tenga que existir alteración estructural?

a) Incontinencia de estrés.
b) Incontinencia por rebosamiento.
c) Incontinencia transitoria o aguda.
d) Incontinencia crónica o establecida.

4. ¿Cómo se denomina al tipo de incontinencia que se caracteriza por la liberación de pequeñas cantidades de orina para disminuir la presión de la vejiga que supera a la de la uretra, independientemente de cualquier aumento de la presión intraabdominal?

a) Incontinencia por rebosamiento.
b) Incontinencia funcional.

c) Incontinencia de estrés.
d) Incontinencia de urgencia.

5. ¿Cómo se denomina al tipo de incontinencia que se caracteriza por la falta completa del control sobre la micción, ya sea por pérdida o bien por expulsión periódica no controlada del contenido de la vejiga?

a) Incontinencia de estrés.
b) Incontinencia total.
c) Incontinencia por rebosamiento.
d) Incontinencia funcional.

6. ¿En qué uretra de estas está en el pene?

a) Uretra prostática.
b) Uretra membranosa.
c) Uretra cavernosa.
d) La uretra no llega al pene.

7. ¿Cuántos litros se filtran al día en los riñones aproximadamente?

a) 90.
b) 180.
c) 280.
d) 800.

8. ¿Qué hormona interviene con su presencia en una menor cantidad de orina por aumento en la reabsorción de agua?

a) Aldosterona.
b) ADH.
c) Renina.
d) DHA.

9. ¿Cómo se denomina el volumen de orina diario?

a) Poliuria.
b) Voliuria.
c) Enuresis.
d) Diuresis.

10. Si la emisión de orina es inferior a 500 ml diarios tendremos un caso de:

a) Poliuria.
b) Anuria.

c) Polaquiuria.
d) Oliguria.

11. Si orino muchas veces al día (aunque sea poco volumen) tengo una:

a) Poliuria.
b) Disuria.
c) Enuresis.
d) Polaquiuria.

12. ¿Qué aspecto de los que se nombran presentará la orina con hepatitis vírica activa (ictericia)?

a) Amarillo oscuro.
b) Coluria.
c) Amarillo pálido.
d) Rojiza (hematuria).

13. ¿En qué circunstancias está indicada la hemofiltración?

a) En pacientes con insuficiencia renal oligúrica.
b) En pacientes con colitis ulcerosa.
c) En pacientes con insuficiencia renal poliúrica.
d) En pacientes con enfermedad de Crohn.

14. ¿Qué tipo de incontinencia urinaria es la más frecuente?

a) Incontinencia de esfuerzo o estrés.
b) Incontinencia de urgencia.
c) Incontinencia neurológica.
d) Incontinencia paradójica.

15. ¿Qué cálculos cálcicos son los más frecuentes en las litiasis renales?

a) Cálculos de cistina.
b) Cálculos de uratos.
c) Cálculos de oxalatos.
d) Cálculos de xantina.

16. ¿Cómo se denomina la segunda fase de una insuficiencia renal aguda?

a) Oligúrica.
b) Anúrica.
c) Diurética.
d) De recuperación.

17. La cantidad de orina que permanece en la vejiga después de evacuar se denomina:

a) Diuresis residual.
b) Orina de almacenamiento vesical.
c) Orina residual.
d) Orina retenida.

18. Las sondas vesicales de lavado continuo son las sondas de:

a) Malecot.
b) Pezzet.
c) Foley.
d) Robinson.

19. Las sondas vesicales a nivel de calibre se numeran de dos en dos, yendo sus valores, las pequeñas desde un valor par menor y las grandes de un valor par mayor, que son de:

a) 4 a 12.
b) 6 a 16.
c) 6 a 24.
d) 12 a 28.

20. Las sondas de Foley son:

a) Blandas.
b) Duras.
c) Rígidas.
d) Semirrígidas.

En MADTEST tienes **más preguntas de este tema**, y todos tus avances quedan registrados y se reflejan en el ranking.

¡Supera tus límites con MADTEST!

Solución al test n.º 5

1. c) La hidratación excesiva.

2. d) Diuréticos.

3. c) Incontinencia transitoria o aguda.

4. a) Incontinencia por rebosamiento.

5. b) Incontinencia total.

6. c) Uretra cavernosa.

7. b) 180.

8. b) ADH.

9. d) Diuresis.

10. d) Oliguria.

11. d) Polaquiuria.

12. b) Coluria.

13. a) En pacientes con insuficiencia renal oligúrica.

14. a) Incontinencia de esfuerzo o estrés.

15. c) Cálculos de oxalatos.

16. c) Diurética.

17. c) Orina residual.

18. c) Foley.

19. c) 6 a 24.

20. a) Blandas.

TEST N.º 6

Estreñimiento en el anciano. Concepto y causas más frecuentes. Complicaciones. Enemas: Tipos de enemas, aplicación, material y cuidados

1. ¿Cuál de los siguientes factores NO está relacionado con el estreñimiento en la población anciana?

a) Dieta baja en fibra.
b) Consumo elevado de líquidos.
c) Sedentarismo.
d) Uso de ciertos medicamentos.

2. ¿Cuál es la principal estrategia no farmacológica para el manejo del estreñimiento en el anciano?

a) Aumento del consumo de fibra y líquidos, junto con actividad física.
b) Uso de laxantes de forma habitual sin supervisión médica.
c) Reducción de la ingesta de líquidos para evitar hinchazón.
d) Evitar por completo los cereales integrales y frutas.

3. ¿Cuál es una medida eficaz para la prevención del estreñimiento en el anciano?

a) Uso diario de laxantes irritantes.
b) Ingesta de líquidos y dieta rica en fibra.
c) Evitar la actividad física.
d) Reducir el consumo de frutas y verduras.

4. ¿Cuál de las siguientes complicaciones NO está asociada al estreñimiento crónico?

a) Enfermedad diverticular.
b) Hemorroides.
c) Hipoglucemia.
d) Fisuras anales.

5. ¿Qué intervención es clave para mejorar el estreñimiento en los ancianos institucionalizados?

a) Reeducación intestinal y establecimiento de un horario regular de defecación.
b) Administración de laxantes sin control.
c) Limitar la ingesta de líquidos para reducir el volumen fecal.
d) Evitar el ejercicio físico para prevenir fatiga.

6. ¿En qué semanas de gestación se realizará la ecografía donde se hace un estudio detallado valorando el crecimiento fetal, y descartando un retraso en el crecimiento?

a) En las semanas 8-10.
b) En las semanas 12-16.
c) En las semanas 16-22.
d) En las semanas 32-34.

7. ¿Qué circunstancia no es muy probable que se dé por el embarazo?

a) Pirosis.
b) Diarreas.
c) Hemorroides.
d) Estreñimiento.

8. ¿Cuál es el consumo diario de proteínas recomendado en gestante?

a) 0,5 g por kg de peso.
b) 1 g por kg de peso.
c) 1,5 g por kg de peso.
d) 2,5 g por kg de peso.

9. ¿Cuánto se debe consumir aproximadamente de hierro en todo el embarazo (en mg)?

a) 300.
b) 500.
c) 800.
d) 2500.

10. ¿Qué patología se previene con el consumo de yodo durante el embarazo?

a) Hipertiroidismo.
b) Enfermedad de Graves-Basedow.
c) Bocio.
d) Ninguno de los anteriores.

11. ¿Cuántas veces se recomienda bañarse a la gestante?

a) 1 vez al día.
b) 1 vez cada dos días.
c) 1 vez cada tres días.
d) 1 vez a la semana.

12. ¿Cómo se llama el parto qué ocurre a la 37 semana?

a) Parto a término.
b) Parto prematuro.
c) Parto pretérmino.
d) Parto postérmino.

13. El aborto se produce si finaliza la gestación antes de la semana:

a) 42.
b) 35.
c) 22.
d) 25.

14. ¿Cuántas fases bien diferenciadas existen en el parto?

a) 5.
b) 4.
c) 3.
d) 2.

15. El borramiento del cuello uterino produce:

a) El final de la dilatación del cuello.
b) La formación del canal del parto.
c) El inicio del alumbramiento.
d) Nada de lo anterior es cierto.

16. El periodo expulsivo se inicia en el momento en que la dilatación del orificio cervical uterino es completa, que es en cm con:

a) 5-6.
b) 7-8.
c) 10-12.
d) 20-36.

17. Con el alumbramiento se expulsa:

a) El recién nacido.
b) El líquido amniótico y el recién nacido.

c) La placenta y sus anejos (membranas…).

d) El líquido amniótico, el recién nacido y la placenta y sus anejos (membranas…).

18. ¿Cómo se denominan las pérdidas que fluyen por los genitales externos durante el puerperio?

a) Menorragias.

b) Dismenorreas.

c) Loquios.

d) Entuertos.

19. Las contracciones uterinas dolorosas propias del puerperio se denominan:

a) Contracciones de bruja.

b) Dismenorreas.

c) Loquios.

d) Entuertos.

20. ¿Cuánto debe durar aproximadamente el amamantar al bebe en cada pecho?

a) Más de 30 minutos.

b) Entre 20 a 30 minutos.

c) Entre 15 a 20 minutos.

d) Entre 10 a 15 minutos.

En MADTEST tienes **más preguntas de este tema**, y todos tus avances quedan registrados y se reflejan en el ranking.

¡Supera tus límites con MADTEST!

Solución al test n.º 6

1. b) Consumo elevado de líquidos.

2. a) Aumento del consumo de fibra y líquidos, junto con actividad física.

3. b) Ingesta de líquidos y dieta rica en fibra.

4. c) Hipoglucemia.

5. a) Reeducación intestinal y establecimiento de un horario regular de defecación.

6. d) En las semanas 32-34.

7. b) Diarreas.

8. c) 1,5 g por kg de peso.

9. c) 800.

10. c) Bocio.

11. a) 1 vez al día.

12. a) Parto a término.

13. c) 22.

14. c) 3.

15. b) La formación del canal del parto.

16. c) 10-12.

17. c) La placenta y sus anejos (membranas…).

18. c) Loquios.

19. d) Entuertos.

20. d) Entre 10 a 15 minutos.

TEST N.º 7

Atención de el/la Auxiliar de Enfermería al paciente encamado: Posiciones anatómicas y alineación corporal. Higiene postural. Higiene y cuidado bucal, pelo y uñas. La piel y lesiones

1. ¿Qué hueso del cráneo posee los denominados peñascos?

a) Frontal.
b) Occipital.
c) Parietales.
d) Temporales.

2. ¿Qué hueso no posee articulación con ningún otro?

a) Atlas.
b) Axis.
c) Hioides.
d) Vómer.

3. ¿Cuántas vértebras constituyen la columna vertebral dorsal?

a) 7.
b) 5.
c) 12.
d) 9.

4. ¿Cuántos huesecillos constituyen el carpo?

a) 5.
b) 2.
c) 10.
d) 8.

5. Las superficies de contacto entre dos huesos próximos se denominan:

a) Articulaciones.
b) Cavidad articular.

c) Ligamentos.
d) Espacio óseo.

6. Las articulaciones en "silla de montar" son las:

a) Enartrosis.
b) Artrodiales.
c) Encaje recíproco.
d) Condíleas.

7. La mayoría de los músculos esqueléticos se insertan en los huesos y esa unión se realiza por medio de:

a) Ligamentos.
b) Fascias.
c) Aponeurosis.
d) Tendones.

8. ¿Qué músculos de estos son más frecuentemente cutáneos?

a) Músculos de cabeza.
b) Músculos de cuello.
c) Músculos de miembro superior.
d) Músculos de miembro inferior.

9. ¿Qué paquete muscular de estos no pertenece al cuádriceps crural?

a) Recto interno.
b) Vasto externo.
c) Vasto interno.
d) Crural.

10. ¿Qué sintomatología se da en la artrosis?

a) Dolor articular y rigidez.
b) Limitación de la movilidad y crepitación.
c) Grados variables de inflamación local.
d) Todo lo anterior se da clínicamente.

11. ¿Qué enfermedad de estas está asociada clínicamente a la presencia de autoanticuerpos en el organismo de quién la padece?

a) Artritis gotosa.
b) Osteosarcoma.
c) Artrosis.
d) Lupus eritematoso sistémico.

12. ¿Qué posición es la de la imagen?

a) Posición de Trendelenburg.
b) Posición de Morestin.
c) Posición de Roser.
d) Posición de Fowler.

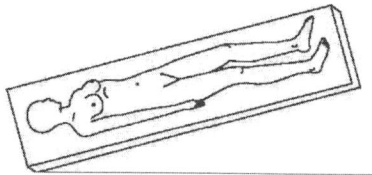

13. ¿Cómo se llama también la posición de antiTrendelenburg?

a) La posición de litotomía.
b) La posición de Morestin.
c) La posición de Roser.
d) La posición de Sims.

14. La posición mahometana es:

a) La posición de litotomía.
b) La posición de Fowler.
c) La posición de Morestin.
d) La posición genupectoral.

15. ¿Cuál de estas posiciones es quirúrgica?

a) Posición de Fowler.
b) Posición de decúbito supino.
c) Posición de Morestin.
d) Posición de decúbito prono.

16. La posición de Kraske se emplea en:

a) Pacientes que presenten problemas digestivos con reflujo gastrointestinal, hernias de hiato y enfermedades respiratorias.
b) Pacientes que presenten problemas cardíacos.
c) Cirugía coxígea.
d) Posición antishock.

17. La posición de laminectomía se emplea en:

a) Exploración de recto y previa a colonoscopias.
b) Intervenciones de hernias discales a nivel lumbar o torácico del raquis.
c) Cirugía digestiva de intestino grueso.
d) Intervenciones de vesícula biliar y previa a laparoscopia.

18. La posición de craneotomía se emplea en:

a) Intervenciones de mama.
b) Intervenciones de tórax.

c) Operaciones donde es necesaria la rotura ósea de cráneo.

d) Intervenciones de hernias discales.

19. ¿En qué cavidad de nuestra corporalidad se encuentra la cavidad peritoneal?

a) En la cavidad pélvica.

b) En la cavidad abdominal.

c) En la cavidad torácica.

d) En la cavidad mediastínica.

20. ¿Cómo se denomina el movimiento de alejamiento del plano medio?

a) Flexión.

b) Eversión.

c) Abducción.

d) Rotación.

En MADTEST tienes **más preguntas de este tema**, y todos tus avances quedan registrados y se reflejan en el ranking.

¡Supera tus límites con MADTEST!

Solución al test n.º 7

1. d) Temporales.

2. c) Hioides.

3. c) 12.

4. d) 8.

5. a) Articulaciones.

6. c) Encaje recíproco.

7. d) Tendones.

8. a) Músculos de cabeza.

9. a) Recto interno.

10. d) Todo lo anterior se da clínicamente.

11. d) Lupus eritematoso sistémico.

12. a) Posición de Trendelenburg.

13. b) La posición de Morestin.

14. d) La posición genupectoral.

15. c) Posición de Morestin.

16. c) Cirugía coxígea.

17. b) Intervenciones de hernias discales a nivel lumbar o torácico del raquis.

18. c) Operaciones donde es necesaria la rotura ósea de cráneo.

19. b) En la cavidad abdominal.

20. c) Abducción.

TEST N.º 8

Técnicas de deambulación. Técnicas de transferencias: movilización del paciente cama- sillón, cama- silla de ruedas y otras. Traslados de pacientes

1. ¿Qué pacientes requerirán de mayor atención del TCAE para cubrir sus necesidades básicas y para llevar a cabo con ellos posturas corregidas para evitar que se produzcan complicaciones? Enfermos…

a) No colaboradores.
b) Con traumatismo espinal con un aumento de la presión intracraneal.
c) Hemipléjicos.
d) Ninguno de los anteriores.

2. ¿Cómo se denominan los pacientes que sufren parálisis de las extremidades inferiores y superiores?

a) Hemipléjicos.
b) Hemiparésicos.
c) Tetrapléjicos.
d) Paraparésicos.

3. ¿Cuántos kg se aplican en la tracción esquelética para obtener el efecto terapéutico?

a) 3 a 6.
b) 4,5 a 8.
c) 7 a 12.
d) 10 a 20.

4. ¿Cuántos kg se aplican en una extremidad en la tracción cutánea para obtener el efecto terapéutico?

a) 2 a 3.
b) 3 a 6.

c) 4,5 a 8.
d) 7 a 12.

5. ¿Quién debe supervisar los sistemas y conexiones del respirador, así como los tubos y cánulas, para proceder de forma adecuada a la movilización de un paciente asistido por ventilación artificial?

a) Un celador.
b) Un Técnico en Cuidados Auxiliares de Enfermería.
c) Un diplomado en enfermería.
d) Puede supervisarlo cualquiera de los anteriores.

6. La movilización del paciente de una zona a otra dentro del Hospital se denomina:

a) Movilización del paciente/usuario.
b) Traslado intrahospitalario.
c) Transporte.
d) Ninguno de los anteriores es cierto.

7. ¿Qué es lo primero a efectuar antes de hacer un traslado?

a) Indicar al paciente qué vas a hacer.
b) Presentarte a la supervisora e indicarle tu misión.
c) Hacer traslado con seguridad y bienestar para el paciente si no es urgente.
d) Esperar a que la persona responsable se haga cargo del paciente en destino.

8. ¿Qué medio es más aconsejable para un traslado cuando el paciente posee un estado físico deficiente?

a) La silla de ruedas.
b) La camilla.
c) Un vehículo a motor.
d) Son ciertas las respuestas a) y b).

9. ¿Qué es incorrecto a la hora de transportar a un paciente en una silla de ruedas?

a) Siempre se empuja por detrás, excepto cuando se sale o entra en el ascensor.
b) Cuando se cruza una puerta de hojas elásticas, se volverá la silla y pasará el auxiliar o celador antes que el paciente, caminando hacia atrás.
c) Si se baja una rampa, el celador o auxiliar caminará hacia atrás.
d) El traslado hacia un vehículo cuando es dado de alta un paciente se efectuará colocando la silla perpendicular al coche sin necesidad de frenarla (la frena el propio vehículo) y con los reposapiés levantados.

10. ¿Qué práctica es incorrecta en el transporte en camilla de un paciente por el TCAE o el celador?

a) Los pies del paciente van siempre por delante.
b) Al entrar en el ascensor, primero pasa la cabecera de la camilla.
c) El TCAE o el celador siempre va delante de la cabecera del paciente, colocando al paciente de cara en sentido contrario de la marcha.
d) Al salir de un ascensor, primero salen los pies del paciente.

11. ¿Para qué se realizan los ejercicios de amplitud de movimientos?

a) Para mantener la movilidad de las articulaciones.
b) No valen para prevenir las contracturas.
c) No ayudan a preparar a la persona que ha estado tiempo encamada para deambular.
d) No evitan atrofias.

12. ¿Qué movimientos se efectúan en los hombros si se realizan los ejercicios de amplitud de movimientos?

a) Movimientos de pronosupinación.
b) Movimientos de lateralidad.
c) Movimientos de flexoextensión.
d) Movimientos circulares.

13. ¿Qué finalidad poseen los ejercicios isométricos?

a) Ayudar a preparar a la persona que ha estado tiempo encamada a deambular.
b) Fortalecer y tonificar los músculos.
c) Ayudar a preparar a la persona que ha estado tiempo en sedestación a deambular.
d) Nada de lo anterior es cierto.

14. ¿Qué posición debe adoptar el paciente al inicio de la deambulación?

a) Posición de pie correcta.
b) Unidestación.
c) Anatómica.
d) Sedestación.

15. La posición de mantenerse parado en ambos pies se denomina:

a) Fowler.
b) Bipedestación.
c) Anatómica.
d) Sedestación.

16. ¿Cuándo está indicado el uso de bastones en los enfermos?

a) Cuando estos pacientes sufren hemiplejia derecha que permite la marcha.
b) Cuando estos pacientes sufren tetraplejia.
c) Cuando estos pacientes sufren fractura bilateral de caderas.
d) Cuando estos pacientes tienen luxaciones de ambas rótulas.

17. ¿Qué indicaciones son las más frecuentes de las muletas de aluminio?

a) Esguinces.
b) Enfermos tetrapléjicos.
c) Enfermos parapléjicos.
d) Son ciertas las respuestas b) y c).

18. ¿Cuál de estas ayudas es fija?

a) Pasamanos.
b) Andadores.
c) Bastones multipodales.
d) Trípodes.

19. ¿Cuál de estas ayudas es autoestable?

a) Pasamanos.
b) Barras paralelas.
c) Bastones multipodales.
d) Ninguna de las anteriores.

20. ¿Cómo se denominan los dispositivos metálicos que por medio de una bomba hidráulica y de determinados complementos, permiten la elevación, transporte y acomodamiento de personas en diferentes lugares (cama, baño, etc.)?

a) Rueda de hombros.
b) Grúas.
c) Bipedestadores.
d) Jaula de Böhler.

En MADTEST tienes **más preguntas de este tema**, y todos tus avances quedan registrados y se reflejan en el ranking.

¡Supera tus límites con MADTEST!

Solución al test n.º 8

1. c) Hemipléjicos.

2. c) Tetrapléjicos.

3. c) 7 a 12.

4. a) 2 a 3.

5. c) Un diplomado en enfermería.

6. b) Traslado intrahospitalario.

7. b) Presentarte a la supervisora e indicarle tu misión.

8. b) La camilla.

9. d) El traslado hacia un vehículo cuando es dado de alta un paciente se efectuará colocando la silla perpendicular al coche sin necesidad de frenarla (la frena el propio vehículo) y con los reposapiés levantados.

10. c) El TCAE o el celador siempre va delante de la cabecera del paciente, colocando al paciente de cara en sentido contrario de la marcha.

11. a) Para mantener la movilidad de las articulaciones.

12. d) Movimientos circulares.

13. b) Fortalecer y tonificar los músculos.

14. a) Posición de pie correcta.

15. b) Bipedestación.

16. a) Cuando estos pacientes sufren hemiplejia derecha que permite la marcha.

17. a) Esguinces.

18. a) Pasamanos.

19. c) Bastones multipodales.

20. b) Grúas.

TEST N.º 9

Cuidados de los ancianos. Procedimientos relacionados con la higiene y aseo corporal. Aseo del paciente encamado. Posiciones anatómicas. Preparación del material a utilizar en la exploración médica

1. ¿Qué infección de la piel es vírica?

a) Psoriasis.
b) Herpes simple.
c) Forúnculo.
d) Escabiosis.

2. La denominada vulgarmente como "ladilla" la ocasiona:

a) *Pediculis humanus capitis*.
b) *Pediculis humanus corporis*.
c) *Phthirus pubis*.
d) *Pediculis scrotae*.

3. La escabiosis es otra denominación de:

a) La sarna.
b) La pediculosis.
c) La psoriasis.
d) El nevus cutáneo.

4. La afección de la piel conocida como "manchas vino de Oporto" se corresponde a:

a) Nevus azul.
b) Angiomas planos.
c) Angiomas cavernosos.
d) Nevus melanocítico congénito o adquirido.

5. ¿Qué es falso del melanoma?

a) Es un tumor maligno de la piel.
b) Se da más frecuentemente en sujetos de piel oscura o morena intensa, sin necesidad de exponerse al sol.
c) Es un melanoma con poca o nada de pigmentación es un factor de mal pronóstico.
d) Es más frecuentes en mujeres.

6. ¿Qué baño es aquel que, aun conservando la movilidad, el paciente no puede levantarse, por lo que él asume su higiene siendo auxiliado en caso necesario por la enfermera?

a) Baño completo en la cama.
b) Baño en la cama.
c) Baño parcial.
d) Baño kinestésico.

7. ¿Qué elementos o materiales necesarios para el aseo del paciente son de lavado?

a) Hule.
b) Manta de baño.
c) Esponjas y guantes.
d) Cuña.

8. El lavado de cabellos del paciente debe realizarse aproximadamente:

a) Todos los días.
b) Cada tres días.
c) Una vez a la semana.
d) Depende de la suciedad que este tenga.

9. ¿Cuál debe ser la temperatura del agua para el baño, si se realiza la técnica del baño completo en la cama?

a) 180 ºC.
b) 22-24 ºC.
c) 30-32 ºC.
d) 37-40 ºC.

10. ¿En qué posición debe colocarse al paciente para llevar a cabo la higiene del cabello?

a) En posición de Trendelenburg.
b) En posición de Roser o Proetz.

c) En posición de Morestín.
d) En posición de Sims.

11. ¿Qué zona de la uña indica la incógnita de la imagen?

a) Placa ungueal.
b) Lúnula.
c) Eponiquio.
d) Cutícula.

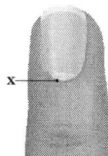

12. ¿Cómo se denomina o qué acrónimo se emplea para designar a la exploración instrumental que consiste en el registro gráfico de la actividad bioeléctrica del corazón?

a) EMG.
b) EEG.
c) EKG.
d) EPG.

13. La presión arterial se mide en:

a) mm de Ag.
b) Bares.
c) Pascal.
d) mm de Hg.

14. ¿Qué aparato emplea ultrasonidos como medio de exploración médica instrumental?

a) Ecografía.
b) RNM.
c) Espirometría.
d) Radiografía simple.

15. ¿Qué tiempo de ayuno generalmente se emplea antes de la exploración para un TAC craneal?

a) No hay tiempo de ayuno.
b) Cuatro horas.
c) Doce horas.
d) Veinticuatro horas.

16. ¿Qué prueba o exploración permite valorar el grado de acidez-alcalinidad de las secreciones gástricas?

a) Enema opaco.
b) Gastroscopia.
c) pH-metría.
d) Prueba de ureasa.

17. La endoscopia convencional realizada por vía anal que permite la visualización del colon y resto de intestino grueso se denomina:

a) Colposcopia.
b) Gastroscopia.
c) Laparoscopia.
d) Colonoscopia.

18. ¿Cómo se denomina la exploración radiológica con contraste de vejiga urinaria?

a) Pielografía.
b) Cistografía retrógrada.
c) Urografía.
d) Uretrografía.

19. ¿En qué exploración instrumental de estas se utiliza el diapasón mediante la transmisión del sonido por vía ósea?

a) Prueba de Ranvier.
b) Prueba de Weber.
c) Prueba de Rinnie.
d) Prueba de Strauss.

20. ¿Cuál es el personal sanitario responsable de preparar todo lo necesario para una exploración médica?

a) El médico.
b) El enfermero.
c) El TCAE.
d) El celador.

En MADTEST tienes **más preguntas de este tema**, y todos tus avances quedan registrados y se reflejan en el ranking.

¡Supera tus límites con MADTEST!

Solución al test n.º 9

1. b) Herpes simple.

2. c) *Phthirus pubis*.

3. a) La sarna.

4. b) Angiomas planos.

5. b) Se da más frecuentemente en sujetos de piel oscura o morena intensa, sin necesidad de exponerse al sol.

6. b) Baño en la cama.

7. c) Esponjas y guantes.

8. c) Una vez a la semana.

9. d) 37-40 ºC.

10. b) En posición de Roser o Proetz.

11. c) Eponiquio.

12. c) EKG.

13. d) mm de Hg.

14. a) Ecografía.

15. b) Cuatro horas.

16. c) pH-metría.

17. d) Colonoscopia.

18. b) Cistografía retrógrada.

19. b) Prueba de Weber.

20. c) El TCAE.

TEST N.º 10

Cuidados del técnico en cuidados auxiliares de enfermería al paciente crónico y terminal. Cuidados físicos y psicológicos

1. ¿Qué aspecto de estos es clave que se dé en cuidados paliativos, siempre que sea posible?

a) La atención hospitalaria.
b) La atención en centro de salud habitual.
c) La atención en centro de salud especializado.
d) La atención domiciliaria.

2. Respecto a los cuidados paliativos no es cierto que:

a) Mejoran la calidad de vida de los pacientes y de sus familias.
b) Alivian el dolor y otros síntomas.
c) Aceleran la muerte.
d) Afirman la vida, y consideran la muerte como un proceso normal.

3. ¿Qué pronóstico (en meses) de vida es el promedio general en pacientes terminales?

a) Está limitado a 2 meses (± 1).
b) Está limitado a 3 meses (± 2).
c) Está limitado a 6 meses (± 3).
d) Está limitado a 9 meses (± 3).

4. Respecto al reposo y al sueño del enfermo terminal es cierto que:

a) Son infrecuentes las irregularidades en el patrón del sueño.
b) No se deben dar hipnóticos para el sueño, aunque se prescriban por el facultativo.
c) Hay que evitar que se sienta solo, y esto lo relaja y disminuye su estrés, favoreciendo que no se den las irregularidades del sueño.
d) La causa del insomnio siempre es psicológica.

5. ¿Qué consejo en la alimentación en cuidados paliativos es incorrecto?

a) No presionar o agobiar al paciente con la comida, intentando adaptarse al "gusto" del paciente.

b) Presentar la comida de forma atractiva (la comida entra por los ojos).

c) Fraccionar la dieta en seis o siete tomas al día (más veces, menos cantidad), evitando alimentos flatulentos, muy condimentados, o/y con olores intensos.

d) Hay que obligar a comer a los pacientes, la falta de comida constituye una ded las causas de empeoramiento.

6. ¿Qué virus es el que más frecuentemente aparece en la boca de los enfermos que están recibiendo quimioterapia?

a) Cándida.

b) Virus de Epstein-Barr.

c) Citomegalovirus.

d) Herpes simple.

7. ¿Qué aspecto no posee el dolor agudo que sí lo posee el dolor crónico?

a) Posee una misión biológica.

b) Mejor vía de administración la analgesia oral/rectal.

c) Posee un comienzo de alivio rápido.

d) El paciente presenta un estado emocional ante el dolor de cansado/ansioso.

8. ¿Qué factor de esto disminuye el dolor?

a) Miedo.

b) Depresión.

c) Vejez.

d) Sueño.

9. ¿Qué dolor de estos no es nociceptivo?

a) El dolor somático, por estimulación de los receptores periféricos.

b) El dolor visceral, por infiltración, compresión o distensión de vísceras.

c) El dolor neuropático, por daño del Sistema Nervioso Central (dolor central) o periférico (desaferentización).

d) Todos son nociceptivos.

10. Todo lo que se expone del fentanilo es cierto, excepto que:

a) Es un opioide sintético.

b) El fentanilo tiene indicaciones diferentes a la morfina en el tratamiento de dolor crónico que no responda al segundo escalón de la OMS.

c) El principal inconveniente del fentanilo-TTS es su mala adherencia en pieles sudorosas o/y febriles.

d) El fentanilo está especialmente indicado en disfagia/odinofagia, cuando existe un escaso cumplimiento de la medicación oral y cuando se dan problemas en el tránsito gastrointestinal (ocasiona menos estreñimiento).

11. ¿Qué causa de la ansiedad se relaciona con las fases de duelo de la doctora Kübler-Ross?

a) Los problemas relacionados con efectos directos de la enfermedad o complicaciones médicas.

b) Las reacciones adaptativas como consecuencia de la aparición de cambios inevitables.

c) Los problemas derivados de la existencia previa de problemas psicológicos.

d) Aquellas derivadas de los efectos secundarios del tratamiento.

12. ¿Qué nivel de sedación presenta un paciente con una respuesta rápida a estímulos dolorosos/presión glabelar, según la escala de Ramsay?

a) Nivel de sedación II.

b) Nivel de sedación III.

c) Nivel de sedación IV.

d) Nivel de sedación V.

13. ¿Cómo se denomina la capacidad para comprender, aceptar y compartir los sentimientos del paciente (incluso de otras personas)?

a) Catarsis.

b) Empatía.

c) Reflexividad.

d) Eustrés.

14. ¿Qué respuestas es incorrecta?

a) Las familias necesitan atención al mismo tiempo que el paciente terminal.

b) Los familiares deben ser partícipes del plan de cuidados del paciente.

c) No es conveniente instruir a los familiares en los cuidados necesarios para el paciente.

d) El médico debe facilitar a la familia la mayor cantidad de información posible sobre el estado del paciente.

15. ¿Cuál de estas etapas de aceptación de la muerte (Kübler-Ross) suele ser cronológicamente la primera?

a) Ira.

b) Negociación.

c) Negación.

d) Aceptación.

16. ¿En qué fase según Spoken está el paciente terminal que aún no conoce el diagnóstico ni el alcance de la enfermedad, pero la familia sí?

a) Fase de despreocupación.
b) Fase de inseguridad.
c) Fase de negación.
d) Fase de comunicación de la verdad.

17. ¿Qué aspectos incluye la atención integral en Cuidados Paliativos?

a) Los aspectos exclusivamente físicos.
b) Los aspectos físicos, emocionales y espirituales.
c) Los aspectos físicos, sociales y espirituales.
d) Los aspectos físicos, emocionales, sociales y espirituales.

18. ¿Quiénes serán los responsables de dar los cuidados físicos de confort a un paciente terminal que se encuentra ingresado a nivel hospitalario?

a) Técnicos socio-sanitarios contratados por la familia.
b) TCAE del hospital.
c) Familiares a su cargo.
d) Médicos Especialistas en cuidados paliativos.

19. Las Escalas de Valoración Verbal (EVV) del dolor son:

a) Las Escala Intensiva del dolor (EID).
b) Las Escalas Descriptivas Simples (EDS).
c) Las Escalas Numéricas de Valoración (EVN).
d) La Escala Visual Analógica (EVA).

20. El objetivo principal que nos proponemos en un servicio de Cuidados Paliativos es:

a) Diagnosticar patologías con máxima diligencia.
b) Utilizar los tratamientos más novedosos, incluso los que están en vía de investigación.
c) Acompañar y ayudar a morir en paz.
d) Utilizar los aparatos biomédicos más sofisticados para mantener la vida del paciente.

En MADTEST tienes **más preguntas de este tema**, y todos tus avances quedan registrados y se reflejan en el ranking.

¡Supera tus límites con MADTEST!

Solución al test n.º 10

1. d) La atención domiciliaria.

2. c) Aceleran la muerte.

3. c) Está limitado a 6 meses (± 3).

4. c) Hay que evitar que se sienta solo, y esto lo relaja y disminuye su estrés, favoreciendo que no se den las irregularidades del sueño.

5. d) Hay que obligar a comer a los pacientes, la falta de comida constituye una ded las causas de empeoramiento.

6. d) Herpes simple.

7. b) Mejor vía de administración la analgesia oral/rectal.

8. d) Sueño.

9. c) El dolor neuropático, por daño del Sistema Nervioso Central (dolor central) o periférico (desaferentización).

10. b) El fentanilo tiene indicaciones diferentes a la morfina en el tratamiento de dolor crónico que no responda al segundo escalón de la OMS.

11. b) Las reacciones adaptativas como consecuencia de la aparición de cambios inevitables.

12. c) Nivel de sedación IV.

13. b) Empatía.

14. c) No es conveniente instruir a los familiares en los cuidados necesarios para el paciente.

15. c) Negación.

16. a) Fase de despreocupación.

17. d) Los aspectos físicos, emocionales, sociales y espirituales.

18. b) TCAE del hospital.

19. b) Las Escalas Descriptivas Simples (EDS).

20. c) Acompañar y ayudar a morir en paz.

TEST N.º 11

Esquema y desarrollo de los cuidados de enfermería al anciano con incapacidad funcional

1. Las peculiaridades sintomáticas más reseñables en las enfermedades del anciano pueden ser:

a) Atípicas, con síntomas específicos.
b) Atípicas, con síntomas poco específicos.
c) Banalizada, solo importan los síntomas.
d) Ninguna de las opciones es correcta.

2. Las enfermedades más frecuentes en el anciano son:

a) Hipertensión arterial y demencia.
b) Accidente cerebrovascular y poliartrosis.
c) Bronconeumonía crónica e insuficiencia cardiaca.
d) Todas las opciones son correctas.

3. La cardiopatía isquémica es:

a) La disminución de la perfusión miocárdica a través de las arterias coronarias con aumento de la demanda de oxígeno.
b) Una angina de pecho donde no hay lesión, aunque es grave.
c) La enfermedad del corazón donde este no es capaz de bombear sangre.
d) Una infección de los ventrículos pero no de las aurículas.

4. Los tipos de cardiopatía isquémica son:

a) Angina de pecho, estable o inestable, e infarto agudo de miocardio.
b) Angina de pecho estable, ausencia de latido, e infarto agudo de miocardio.
c) La disnea y el dolor torácico.
d) Ventricular izquierda y auricular derecha.

5. La insuficiencia cardiaca congestiva es:

a) Un síncope por el cual el corazón es capaz de bombear la sangre suficientemente para cubrir las necesidades de oxígeno de los tejidos periféricos.
b) Una patología que causa la hiperoxigenación en la sangre.
c) Un síndrome por el cual el corazón es incapaz de bombear la sangre suficientemente para cubrir las necesidades de oxígeno de los tejidos periféricos.
d) Un síndrome que se da en órganos y tejidos y que afectan al corazón.

6. Señala las causas de la insuficiencia cardiaca congestiva:

a) Hipertensión arterial, arritmia, infecciones, estrés, embolismo pulmonar, disminución de la actividad física.
b) Hipotensión arterial, arritmia, infecciones, bornout, embolismo pulmonar, aumento de la actividad física.
c) Hipertensión arterial, arritmia, infecciones, estrés, embolismo pulmonar, aumento de la actividad física.
d) Hipertensión arterial, disnea, infecciones, estrés, embolismo pulmonar, aumento de la actividad física.

7. ¿Cómo se define una situación con una presión arterial sistólica superior o igual a 140 mmHg y/o una presión arterial diastólica superior o igual a 90 mmHg?

a) Hipotensión arterial.
b) Situación de edema pulmonar.
c) Hipertensión arterial.
d) Cardiopatía isquémica.

8. La hipertensión arterial puede producir:

a) La aparición de accidentes cerebrovasculares, enfermedad renal y cardiopatía isquémica.
b) Edema agudo de pulmón.
c) La aparición de accidentes de tráfico, enfermedad diabética y cardiopatía isquémica.
d) Depresión, ansiedad, arritmia, poco oxígeno en los órganos.

9. Entre los factores de riesgo de la hipertensión arterial no se encuentra:

a) Tabaquismo, dislipidemia, obesidad y ejercicio físico.
b) Tabaquismo, dislipidemia, diabetes *mellitus*, obesidad, alcoholismo y ejercicio físico.
c) Tabaquismo, diabetes *mellitus*, obesidad, alcoholismo y ejercicio físico.
d) Tabaquismo, hepatomegalia, distensión venosa, obesidad, alcoholismo y ejercicio físico.

10. El accidente cerebrovascular es:

a) Una mala gestión de las actividades de la vida cotidiana.
b) Una hemiplegia que altera el lenguaje.

c) Una patología cerebral con disminución del aporte sanguíneo al encéfalo y meninges, de forma brusca.

d) Una zona del cerebro afectada de manera osteoarticular pero sin dolor.

11. Un accidente cerebrovascular de tipo embólico se caracteriza por:

a) Una hemorragia subaracnoidea, subdural, intraventricular, aneurisma, etc.

b) Una rotura de la pared arterial a consecuencia de hipertensión arterial crónica, malformación vascular o defecto de coagulación.

c) Una oclusión de la luz arterial por un émbolo procedente de otro punto del sistema vascular y que puede ser de origen pulmonar.

d) Las opciones a) y b) son correctas.

12. La artrosis es:

a) Una patología inflamatoria crónica de naturaleza autoinmune.

b) Una enfermedad degenerativa del cartílago articular.

c) Una disminución del líquido tisular que provoca dolor.

d) La pérdida de masa ósea y mineral óseo de forma progresiva.

13. La causa de la artritis reumatoide es:

a) Dolor articular.

b) Rigidez matutina.

c) Desconocida.

d) Disminución de cadenas de proteínas y aminoácidos.

14. La artritis reumatoide es:

a) Es una enfermedad degenerativa del cartílago articular.

b) Es una patología inflamatoria crónica de naturaleza autoinmune cuyos síntomas se manifiestan a nivel articular.

c) Es una patología frecuente en el anciano por pérdida de masa ósea y mineral.

d) Una enfermedad endocrina que causa *diabetes mellitus* tipo II.

15. ¿Cuál no es un factor de riesgo en la osteoporosis senil?

a) La anorexia y la sobrecarga muscular.

b) La raza y el sexo.

c) El tabaco y la menopausia precoz.

d) El alcohol y el calcio.

16. Enfermedad de Paget del hueso u osteítis deformante es:

a) Una enfermedad contagiosa del tejido óseo que cursa con aumento de la reabsorción ósea seguido de una disminución en el compensador de la síntesis del hueso de forma desmedida y desorganizada.

b) Una enfermedad muy dolorosa donde los huesos se vuelven blandos.

c) Una enfermedad inflamatoria del tejido óseo que cursa con aumento de la reabsorción ósea seguido de un aumento compensador de la síntesis del hueso de forma desmedida y desorganizada.

d) Las opciones b) y c) son correctas.

17. Las causas de la enfermedad pulmonar obstructiva crónica son:

a) Tos, secreciones nasales y fiebre.

b) Enfermedades respiratorias anteriores, hábitos tóxicos, etc.

c) Disnea de esfuerzo.

d) Alergias estacionales desde edades tempranas.

18. Un enfisema es:

a) Un proceso irreversible con distensión y destrucción de las paredes alveolares.

b) Un proceso reversible con distensión y destrucción de las paredes alveolares.

c) Un proceso donde hay falta de elasticidad del pulmón, con colapso bronquial durante la espiración.

d) Las opciones a) y c) son correctas.

19. El origen de las neumonías se debe a:

a) La bacteria de estafilococos aureus.

b) Secuelas de la anorexia.

c) El *estreptococcus pneumoniae*.

d) El *estreptococcus viridans*.

20. El trastorno mental más frecuente en la tercera edad es:

a) La ansiedad.

b) La esquizofrenia.

c) El Alzheimer.

d) Los trastornos cognitivos.

En MADTEST tienes **más preguntas de este tema**, y todos tus avances quedan registrados y se reflejan en el ranking.

¡Supera tus límites con MADTEST!

Solución al test n.º 11

1. b) Atípicas, con síntomas poco específicos.

2. d) Todas las opciones son correctas.

3. a) La disminución de la perfusión miocárdica a través de las arterias coronarias con aumento de la demanda de oxígeno.

4. a) Angina de pecho, estable o inestable, e infarto agudo de miocardio.

5. c) Un síndrome por el cual el corazón es incapaz de bombear la sangre suficientemente para cubrir las necesidades de oxígeno de los tejidos periféricos.

6. c) Hipertensión arterial, arritmia, infecciones, estrés, embolismo pulmonar, aumento de la actividad física.

7. c) Hipertensión arterial.

8. a) La aparición de accidentes cerebrovasculares, enfermedad renal y cardiopatía isquémica.

9. d) Tabaquismo, hepatomegalia, distensión venosa, obesidad, alcoholismo y ejercicio físico.

10. c) Una patología cerebral con disminución del aporte sanguíneo al encéfalo y meninges, de forma brusca.

11. c) Una oclusión de la luz arterial por un émbolo procedente de otro punto del sistema vascular y que puede ser de origen pulmonar

12. b) Una enfermedad degenerativa del cartílago articular.

13. c) Desconocida.

14. b) Es una patología inflamatoria crónica de naturaleza autoinmune cuyos síntomas se manifiestan a nivel articular.

15. a) La anorexia y la sobrecarga muscular.

16. d) Las opciones b) y c) son correctas.

17. b) Enfermedades respiratorias anteriores, hábitos tóxicos, etc.

18. d) Las opciones a) y c) son correctas.

19. c) El *estreptococcus pneumoniae*.

20. d) Los trastornos cognitivos.

**Concepto de limpieza, desinfección, asepsia y antisepsia.
Desinfectantes y antisépticos. Métodos de limpieza, desinfección
y esterilización del instrumental. Cadena epidemiológica.
Barreras higiénicas: Lavado de manos y aislamientos**

1. El instrumental quirúrgico de síntesis es el instrumental:

a) De talla o campo.
b) De sutura.
c) De hemostasia.
d) De exposición.

2. ¿Cómo se denomina el instrumental quirúrgico que sirve para que el campo operatorio esté libre y las maniobras del cirujano puedan hacerse con seguridad?

a) Instrumental quirúrgico de disección.
h) Instrumental quirúrgico de exposición.
c) Instrumental quirúrgico de aprehensión.
d) Instrumental quirúrgico de sutura.

3. Las pinzas Duval-Collin son instrumentales quirúrgicos de:

a) Aprehensión.
b) De sutura.
c) De hemostasia.
d) De exposición.

4. ¿Qué es falso de un buen desinfectante?

a) Es aquel que no es tóxico ni corrosivo.
b) Es aquel que es de bajo costo y de olor agradable.
c) Es aquel que posee un espectro reducido de acción.
d) Es aquel que es biodegradable y se puede usar diluido en agua o alcohol.

5. Una esterilización destruye o elimina:

a) Todos los gérmenes patógenos.
b) Todos los gérmenes no patógenos.
c) Las formas de resistencia o esporas.
d) Todo lo anterior.

6. ¿Qué rayos solares son considerados desinfectantes?

a) Los rayos actínicos.
b) Los rayos ultravioletas.
c) Los rayos infrarrojos.
d) Los rayos láser.

7. ¿Cómo se denomina el material sanitario que requiere de asepsia total?

a) Crítico.
b) Semicrítico.
c) No crítico.
d) Desinfectado.

8. Una prótesis de la cabeza femoral la incluirías dentro del material sanitario:

a) Crítico.
b) Semicrítico.
c) No crítico.
d) Desinfectado.

9. ¿Qué elementos de estos es de fijación?

a) Vendas.
b) Hule.
c) Celulosa.
d) Algodón hidrófilo.

10. ¿Cada cuánto se limpia el mobiliario de la habitación del paciente?

a) Se limpia cada día.
b) Se limpia cada tres días.
c) Se limpia una vez a la semana.
d) Se limpia una vez al mes.

11. ¿Cuál es la base de la realización del procedimiento de limpieza-descontaminación?

a) Realizar una observación de cómo están los materiales antes de ser llevados a la central de esterilización.

b) Hacer una limpieza preliminar y no definitiva del material e instrumental antes de ser llevados a la central de esterilización.

c) Efectuar una limpieza de los materiales, de forma que queden completamente limpios para ser llevados así a la central de esterilización.

d) Esencialmente descontaminar con seguridad los materiales antes de ser llevados a la central de esterilización, aunque no estén limpios al 100 %.

12. ¿Cuál de estas opciones no es un mecanismo de transmisión indirecta de una enfermedad?

a) Por el aire.

b) Por arañazos.

c) Baños.

d) Artrópodos.

13. Existe reservorio telúrico cuando existe transmisión al hombre por medio de:

a) El suelo.

b) El agua.

c) Fómites.

d) Todo lo anterior es cierto.

14. ¿Cuál es la distancia mínima para que se produzca una transmisión directa de una infección por vía aérea, aunque propiamente no exista contacto directo?

a) 1 metro.

b) 2 metros.

c) 3 metros.

d) 4 metros.

15. ¿Qué vía de transmisión de estas es la más frecuente?

a) Transplacentaria.

b) Por bebida de fuente contaminada o comida contaminada.

c) Por vía aérea.

d) Por vía venérea.

16. ¿Cuál es el último eslabón de la cadena epidemiológica?

a) Huésped susceptible (con capacidad de enfermar).

b) Huésped refractario (sin capacidad de enfermar).

c) Fuente.

d) Vector.

17. ¿Qué afirmación es incorrecta en relación a las infecciones relacionadas con la asistencia sanitaria (IRAS)?

a) Son una causa mayor de mortalidad y de sufrimiento para los pacientes.

b) Son fáciles de tratar, a pesar de estar causadas por bacterias multirresistentes (BMR).

c) Incluyen a la infección nosocomial clásica, más las infecciones adquiridas por pacientes de la comunidad en contacto con la asistencia sanitaria.

d) Generan gran frustración a los profesionales sanitarios e incrementa de forma considerable el gasto económico.

18. ¿Qué método se emplea para la destrucción de todos los microorganismos y formas de resistencia de los mismos (esporas)?

a) Antisepsia.

b) Desinfección.

c) Esterilización.

d) Fumigación.

19. ¿En cuál de estas técnicas de esterilización no son utilizados los métodos químicos?

a) En óxido de etileno.

b) En glutaraldehído.

c) En formol.

d) En el flameado.

20. ¿Qué envoltorio del material a esterilizar es el más utilizado es la estufa Poupinel?

a) Bolsas de vidrio.

b) Bolsas de plomo.

c) Bolsas de aluminio.

d) Bolsas de plástico termorresistente.

En MADTEST tienes **más preguntas de este tema**, y todos tus avances quedan registrados y se reflejan en el ranking.

¡Supera tus límites con MADTEST!

Solución al test n.º 12

1. b) De sutura.

2. b) Instrumental quirúrgico de exposición.

3. a) Aprehensión.

4. c) Es aquel que posee un espectro reducido de acción.

5. d) Todo lo anterior.

6. b) Los rayos ultravioletas.

7. a) Crítico.

8. a) Crítico.

9. a) Vendas.

10. a) Se limpia cada día.

11. c) Efectuar una limpieza de los materiales, de forma que queden completamente limpios para ser llevados así a la central de esterilización.

12. b) Por arañazos.

13. d) Todo lo anterior es cierto.

14. a) 1 metro.

15. c) Por vía aérea.

16. a) Huésped susceptible (con capacidad de enfermar).

17. b) Son fáciles de tratar, a pesar de estar causadas por bacterias multirresistentes (BMR).

18. c) Esterilización.

19. d) En el flameado.

20. c) Bolsas de aluminio.

TEST N.º 13

Úlceras por presión. Concepto. Factores de riesgo. Medidas preventivas. Movilización y cambios posturales

1. ¿Qué es lo más importante de lo que se expone en relación con las úlceras por presión a nivel sanitario?

a) Su tratamiento.
b) Su diagnóstico.
c) Su prevención.
d) Conocer sus causas.

2. ¿En qué personas se dan más úlceras por presión?

a) En personas encamadas.
b) En personas con buena movilidad.
c) En personas bien nutridas.
d) Nada de lo anterior es cierto.

3. ¿Qué causa de estas es neurológica o nerviosa en la génesis de la úlcera por presión?

a) Parálisis.
b) Arteriosclerosis.
c) Alteraciones de la microcirculación.
d) Todo lo anterior es cierto.

4. ¿Cuáles son los planos duros que ejercen presión para que se dé la úlcera por presión?

a) El colchón o asiento sobre el que reposa el enfermo y por otro la superficie ósea del paciente.
b) Las sábanas o colchas empleadas y las manos de los cuidadores.
c) Las manos de los cuidadores y el colchón o asiento sobre el que reposa el enfermo.
d) Las manos de los cuidadores y la superficie ósea del paciente.

5. ¿Qué tipo de enfermo de estos puede tener la consciencia alterada y por ello ser más susceptible a padecer úlceras por presión?

a) Enfermos psiquiátricos sometidos a fuertes dosis de sedantes.
b) Enfermos incontinentes.
c) Enfermos con Síndrome de Cushing.
d) Ninguno de los anteriores.

6. Se padecerá de úlcera por presión cuando haya circunstancias favorables y se dé un apoyo cutáneo que sobrepase como mínimo:

a) Media hora.
b) Una hora.
c) Dos a tres horas.
d) Veinte horas.

7. En posición de sentado, la úlcera por presión aparecerá más frecuentemente en:

a) La tuberosidad isquiática.
b) La tuberosidad púbica.
c) Los acromiones.
d) Los olécranos.

8. ¿Cómo se denominan las úlceras por presión acaecidas por mecanismos de presión y roce derivados del uso de materiales empleados en un tratamiento?

a) Mecánicas.
b) Físicas.
c) Iatrogénicas.
d) Idiopáticas.

9. La aparición de úlcera iatrogénica en muñecas y pies, suele ser por:

a) Agresiones indebidas del sanitario.
b) Sujeciones mecánicas.
c) Autolesiones.
d) No se producen.

10. ¿En qué estadio está una úlcera por presión (según la *Agency for Health Care and Research*) cuando aparece un eritema que no cede al retirar el estímulo de presión en piel intacta?

a) Estadio I.
b) Estadio II.
c) Estadio III.
d) Estadio IV.

11. ¿Cómo se denomina la última fase de formación de la úlcera de presión o forma más evolucionada?

a) Fase final de exitus.
b) Fase escoriativa.
c) Fase eritematosa.
d) Fase necrótica.

12. ¿Qué estadio es la preúlcera según la clasificación del *Grupo Nacional para el Estudio y Asesoramiento sobre las Úlceras por Presión y el Grupo Europeo de Úlceras por Presión*?

a) Estadio 0.
b) Estadio 1.
c) Estadio a.
d) Estadio A.

13. ¿Cuántos parámetros se valoran en la Escala de Norton?

a) 3.
b) 4.
c) 5.
d) 6.

14. Si la incontinencia del paciente es urinaria y fecal, en ese parámetro de la Escala de Norton obtendría una puntuación de:

a) 4.
b) 3.
c) 2.
d) 1.

15. ¿Qué puntuación presentaría un paciente (Escala de Norton) con úlcera por presión que presenta un estado físico general regular, una actividad disminuida, sin incontinencia, y está sentado y confuso?

a) 24.
b) 20.
c) 13.
d) 9.

16. ¿Qué factor o factores de riegos se miden en la Escala de Braden en pacientes con úlceras por presión?

a) Percepción sensorial (capacidad para reaccionar ante una molestia relacionada con la presión).
b) Estado físico.
c) Estado mental.
d) Incontinencia.

17. ¿Cuántos parámetros se valoran en la Escala de Braden?

a) 3.
b) 4.
c) 5.
d) 6.

18. ¿Cuál es la base para la prevención y el tratamiento de las úlceras por presión?

a) Sequedad de la cama y sus útiles.
b) Sequedad de la piel del paciente y adecuada nutrición de la misma.
c) Una planificación de los cuidados de enfermería basada en la continuidad sistemática de los mismos.
d) Son ciertas las respuestas a) y b).

19. ¿Cada cuánto tiempo deben realizarse los cambios de posición en pacientes con riesgos a úlceras por presión?

a) Cada 2-3 horas.
b) Cada 4-6 horas.
c) Cada 6-8 horas.
d) Cada 12 horas.

20. ¿Cuándo no está contraindicado el masaje en la UPP?

a) Nunca está contraindicado, es aconsejable.
b) Siempre está contraindicado, está prohibido ya que la agrava.
c) Cuando no agrava la preúlcera.
d) Si la zona aún no tiene enrojecimiento (eritema).

En MADTEST tienes **más preguntas de este tema**, y todos tus avances quedan registrados y se reflejan en el ranking.

¡Supera tus límites con MADTEST!

Solución al test n.º 13

1. c) Su prevención.

2. a) En personas encamadas.

3. a) Parálisis.

4. a) El colchón o asiento sobre el que reposa el enfermo y por otro la superficie ósea del paciente.

5. a) Enfermos psiquiátricos sometidos a fuertes dosis de sedantes.

6. c) Dos a tres horas.

7. a) La tuberosidad isquiática.

8. c) Iatrogénicas.

9. b) Sujeciones mecánicas.

10. a) Estadio I.

11. d) Fase necrótica.

12. a) Estadio 0.

13. c) 5.

14. d) 1.

15. c) 13.

16. a) Percepción sensorial (capacidad para reaccionar ante una molestia relacionada con la presión).

17. d) 6.

18. c) Una planificación de los cuidados de enfermería basada en la continuidad sistemática de los mismos.

19. a) Cada 2-3 horas.

20. d) Si la zona aún no tiene enrojecimiento (eritema).

Protocolos de cuidados de el/la Auxiliar de Enfermería al paciente crónico-terminal. Cuidados físicos y psicológicos

1. ¿Cuáles son los cuidados del enfermo en el final de la vida que aseguran el tratamiento adecuado en función de sus circunstancias y sus perspectivas de vida?

a) Cuidados informales.
b) Cuidados formales.
c) Cuidados rehabilitadores.
d) Cuidados paliativos.

2. El principal objetivo de los cuidados del enfermo al final de la vida es:

a) Prolongar su vida.
b) Mejorar su calidad de vida.
c) Prevenir las complicaciones.
d) Preparar a la familia para la situación inminente.

3. El Programa Regional de Cuidados Paliativos de Extremadura (PRCPEx) tiene como objetivos generales los siguientes, excepto uno. Indica cual:

a) La cobertura total.
b) La equidad.
c) La progresión.
d) La calidad en la atención.

4. Los Servicios de Emergencias (112) pertenecen a la atención continuada de pacientes a través de:

a) Recursos de Urgencias Específico de Cuidados Paliativos.
b) Servicio de Asesoramiento Telefónico continuado.
c) Equipos de Soporte de Cuidados Paliativos de Extremadura.
d) Recursos de Urgencias Generales.

5. La atención al final de la vida en Extremadura organizada a través de los Equipos de Soporte de Cuidados Paliativos (ESCPs), realizan:

a) Una atención compartida con todos los profesionales de los diferentes niveles asistenciales, basando la intensidad de su atención, en la complejidad de la situación a atender y en la coordinación con los profesionales con los que comparten la atención.
b) La Atención Paliativa de manera puntual.
c) La Atención Paliativa a través del seguimiento telefónico.
d) Formación para las familias con enfermos terminales.

6. En los distintos niveles de intervención, ¿cuál es el dispositivo máximo responsable en la toma de decisiones?

a) El Equipo de Atención Primaria.
b) El Equipo de Soporte de Cuidados Paliativos (ESCP).
c) El Equipo de Atención Hospitalaria.
d) Los Profesionales de los Centros Sociosanitarios.

7. Dentro del PRCEx existen los Grupos de trabajo Transversales, ¿cuál es el que asegura el contacto de los profesionales con la mejor y más actual evidencia científica en cuidados paliativos y participa en la elaboración de protocolos y guías clínicas?

a) Formación.
b) Calidad.
c) Documentación clínica.
d) Tratamiento.

8. ¿Cuál es el objetivo principal de los cuidados paliativos?

a) Curar la enfermedad del paciente.
b) Prolongar la vida sin importar la calidad de vida.
c) Ofrecer alivio del dolor y otros síntomas para mejorar la calidad de vida.
d) Asegurar la eutanasia en casos terminales.

9. ¿Qué se entiende por exploración holística en un paciente crónico-terminal?

a) Un examen físico rápido sin importancia.
b) Un estudio global que abarca aspectos físicos, psicológicos, sociales y espirituales.
c) Una exploración centrada solo en los síntomas físicos.
d) Un análisis exclusivo de los signos vitales.

10. ¿Cuál de los siguientes síntomas es más frecuente en pacientes en fase terminal?

a) Dificultad respiratoria.
b) Hiperactividad.

c) Aumento del apetito.

d) Recuperación espontánea.

11. ¿Qué escala se usa para evaluar el estado funcional del paciente terminal?

a) Escala de Zarit.

b) Índice de Barthel.

c) Escala de Karnofsky.

d) Escala EVA.

12. ¿Cuál es el enfoque de la medicina paliativa según la OMS?

a) Asegurar que el paciente viva el mayor tiempo posible.

b) Promover la vida y mejorar la calidad sin alargar ni acortar la muerte.

c) Detener la progresión de la enfermedad con tratamientos experimentales.

d) Limitar los cuidados a pacientes jóvenes.

13. ¿Qué prueba se usa para evaluar la cognición en pacientes terminales?

a) Índice de Barthel.

b) Escala de Karnofsky.

c) Cuestionario ESAS.

d) Short Portable Mental Status Questionnaire de Pfeiffer.

14. ¿Cuál de los siguientes es un principio clave en los cuidados paliativos?

a) Restringir la información al paciente.

b) Individualizar el plan de cuidados.

c) Tratar a todos los pacientes con el mismo protocolo estándar.

d) Evitar la participación de la familia en la toma de decisiones.

15. ¿Cuál es un síntoma frecuente en la fase final de la vida?

a) Incremento de la energía.

b) Aumento del apetito.

c) Pérdida de fuerza muscular.

d) Hiperactividad.

16. ¿Cuál de los siguientes es un objetivo del Programa Regional de Cuidados Paliativos de Extremadura (PRCPEx)?

a) Asegurar la hospitalización prolongada de todos los pacientes.

b) Evitar la participación de la familia en los cuidados.

c) Mejorar la atención integral y accesible para pacientes con enfermedades avanzadas.

d) Administrar tratamientos experimentales.

17. ¿Cuál de las siguientes opciones es fundamental en el control del dolor en cuidados paliativos?

a) Administrar la mínima medicación posible.
b) Evitar opioides en todo caso.
c) Evaluar el dolor y ajustar el tratamiento según sea necesario.
d) Esperar a que el paciente lo solicite para iniciar el tratamiento.

18. ¿Cuál es una herramienta utilizada para evaluar la intensidad del dolor en pacientes terminales?

a) Escala de Barthel.
b) Escala EVA.
c) Índice de Zarit.
d) Escala de Pfeiffer.

19. ¿Cuál es un aspecto clave en la comunicación con un paciente en fase terminal?

a) Ocultar información para evitar preocupaciones.
b) Explicar de manera clara y comprensible su situación.
c) No responder preguntas sobre su estado.
d) Evitar contacto visual.

20. ¿Qué herramienta se usa para valorar la carga del cuidador?

a) Escala EVA.
b) Escala de Zarit.
c) Escala de Karnofsky.
d) Cuestionario ESAS.

En MADTEST tienes **más preguntas de este tema**, y todos tus avances quedan registrados y se reflejan en el ranking.

¡Supera tus límites con MADTEST!

Solución al test n.º 14

1. d) Cuidados paliativos.

2. b) Mejorar su calidad de vida.

3. c) La progresión.

4. d) Recursos de Urgencias Generales.

5. a) Una atención compartida con todos los profesionales de los diferentes niveles asistenciales, basando la intensidad de su atención, en la complejidad de la situación a atender y en la coordinación con los profesionales con los que comparten la atención.

6. b) El Equipo de Soporte de Cuidados Paliativos (ESCP).

7. d) Tratamiento.

8. c) Ofrecer alivio del dolor y otros síntomas para mejorar la calidad de vida.

9. b) Un estudio global que abarca aspectos físicos, psicológicos, sociales y espirituales.

10. a) Dificultad respiratoria.

11. c) Escala de Karnofsky.

12. b) Promover la vida y mejorar la calidad sin alargar ni acortar la muerte.

13. d) Short Portable Mental Status Questionnaire de Pfeiffer.

14. b) Individualizar el plan de cuidados.

15. c) Pérdida de fuerza muscular.

16. c) Mejorar la atención integral y accesible para pacientes con enfermedades avanzadas.

17. c) Evaluar el dolor y ajustar el tratamiento según sea necesario.

18. b) Escala EVA.

19. b) Explicar de manera clara y comprensible su situación.

20. b) Escala de Zarit.

Cuidados post-mortem. Material necesario y procedimiento. Principios fundamentales de la bioética

1. ¿Cuál es el objetivo principal de la bioética en el ámbito de la salud?

a) Regular la práctica médica exclusivamente desde el punto de vista legal.
b) Garantizar que los cuidados sean éticos, justos y respetuosos con la dignidad del paciente.
c) Favorecer solo a los pacientes que pueden tomar decisiones por sí mismos.
d) Determinar qué pacientes merecen atención médica.

2. ¿Por qué la bioética tiene especial importancia en la atención a las personas mayores?

a) Porque los mayores siempre necesitan decisiones médicas urgentes.
b) Porque la vejez implica pérdida total de autonomía.
c) Porque surgen desafíos como la autonomía, la proporcionalidad de los tratamientos y la vulnerabilidad.
d) Porque los mayores no pueden participar en la toma de decisiones.

3. ¿Qué principio bioético se relaciona con el respeto a la autonomía de la persona mayor en la toma de decisiones?

a) Justicia.
b) Beneficencia.
c) Autonomía.
d) No maleficencia.

4. ¿Qué aspecto bioético se debe considerar al decidir si un tratamiento es proporcional para una persona mayor?

a) Que el tratamiento prolongue la vida sin importar la calidad de vida.
b) Que el tratamiento sea costoso.
c) Que el beneficio del tratamiento justifique los riesgos y el sufrimiento.
d) Que el paciente reciba el mismo tratamiento que una persona joven.

5. ¿Por qué la vulnerabilidad es un factor clave en la bioética de la atención a las personas mayores?

a) Porque los mayores siempre son dependientes de los demás.
b) Porque pueden estar en situaciones de fragilidad y mayor riesgo de sufrir abusos o tratamientos desproporcionados.
c) Porque no tienen derecho a decidir sobre su salud.
d) Porque la vejez implica necesariamente una pérdida total de capacidades.

6. ¿Cuál de estos consideras un signo precoz de muerte?

a) Rigideces cadavéricas.
b) Enfriamiento del cadáver.
c) Ausencia completa de pulso.
d) Livideces cadavéricas.

7. Según los principios planteados por Beauchamp y Childress sobre la bioética de los cuidados paliativos, ¿cuál es aquel que dice: "todas las personas tienen igual dignidad y merecen igual consideración y respeto"?

a) Principio de autonomía.
b) Principio de beneficencia.
c) Principio de integridad.
d) Principio de justicia.

8. ¿Qué principio básico, según Beauchamp y Childress, se sintetiza con la expresión latina *primum non nocere*?

a) Justicia.
b) No maleficencia.
c) Autonomía.
d) Beneficencia.

9. La expresión desgraciada de un profesional sanitario sobre un enfermo terminal como "Ya no hay nada que hacer" contraviene el principio de:

a) Autonomía.
b) Beneficencia.
c) Integridad.
d) Justicia.

10. ¿Qué término se emplea para la "muerte correcta" o "muerte digna"?

a) Eutanasia.
b) Eugenesia.

c) Distanasia.
d) Ortotanasia.

11. La utilización de medidas extraordinarias que no reportan ningún beneficio al enfermo, para prolongar su vida, se denomina:

a) Eutanasia.
b) Eugenesia.
c) Distanasia.
d) Ortotanasia.

12. ¿En qué tipo de actuaciones se basan los cuidados paliativos?

a) Eutanasia.
b) Eugenesia.
c) Distanasia.
d) Ortotanasia.

13. ¿En qué base terapéutica se fundamenta la ortotanasia?

a) En la lucha contra las enfermedades infecciosas.
b) En la aplicación de medidas rehabilitadoras y fisioterapéuticas.
c) En la aplicación de cuidados *post mortem*.
d) Ninguna de las anteriores es cierta.

14. ¿Cuál de estos derechos que se nombran a continuación, de las personas adultas en situación terminal, no consideras que sea tal?

a) Derecho a recibir atención médica y soporte personal.
b) Derecho a la autodeterminación y a rechazar un tratamiento.
c) Derecho a participar en la toma de decisiones relativas a las pruebas complementarias, aunque no en el tratamiento.
d) Derecho a ser tratados con la mayor dignidad y a ver su dolor aliviado.

15. Ante la posibilidad de sufrir una enfermedad incurable e irreversible, como consecuencia de una intervención facultativa, la aplicación de tratamientos de reanimación o de soporte vital, no se hará si el paciente así lo indica, para morir dignamente. ¿De qué manera debe hacerlo el enfermo?

a) Mediante testamento vital.
b) Mediante voluntad vital anticipada.
c) Mediante otra persona asignada por él, en el caso de que el enfermo sea incapaz.
d) En todos los casos anteriores.

16. ¿Qué término procedente del latín, muy usado sanitariamente significa muerte?

a) Mortaja.
b) Sudario.
c) Éxitus.
d) Disfasia.

17. ¿Cuál de estos términos es sinónimo de "éxitus"?

a) Defunción.
b) Deceso.
c) Óbito.
d) Son todos los anteriores.

18. ¿Cuál de los signos de muerte es tardío?

a) No se ausculta el latido cardíaco.
b) El pulso desaparece a la palpación.
c) Livideces.
d) EEG plano.

19. ¿Cómo se denomina la decoloración que se manifiesta en la piel de un fallecido como consecuencia del cese de la circulación sanguínea?

a) *Algor mortis.*
b) *Rigor mortis.*
c) Livideces.
d) *Astenor mortis.*

20. ¿Qué modalidad de ética es aquella que supone la comprensión de lo que define a una profesión y sus funciones, establece si esta profesión constituye o no nuestro absoluto profesional y adecua nuestro comportamiento según ese absoluto profesional elegido?

a) Ética laboral.
b) Ética profesional.
c) Ética personal.
d) Ética global.

En MADTEST tienes **más preguntas de este tema**, y todos tus avances quedan registrados y se reflejan en el ranking.

¡Supera tus límites con MADTEST!

Solución al test n.º 15

1. b) Garantizar que los cuidados sean éticos, justos y respetuosos con la dignidad del paciente.

2. c) Porque surgen desafíos como la autonomía, la proporcionalidad de los tratamientos y la vulnerabilidad.

3. c) Autonomía.

4. c) Que el beneficio del tratamiento justifique los riesgos y el sufrimiento.

5. b) Porque pueden estar en situaciones de fragilidad y mayor riesgo de sufrir abusos o tratamientos desproporcionados.

6. c) Ausencia completa de pulso.

7. d) Principio de justicia.

8. b) No maleficencia.

9. b) Beneficencia.

10. d) Ortotanasia.

11. c) Distanasia.

12. d) Ortotanasia.

13. d) Ninguna de las anteriores es cierta.

14. c) Derecho a participar en la toma de decisiones relativas a las pruebas complementarias, aunque no en el tratamiento.

15. d) En todos los casos anteriores.

16. c) Éxitus.

17. d) Son todos los anteriores.

18. c) Livideces.

19. c) Livideces.

20. b) Ética profesional.

La cama del enfermo. Ropa de cama. Tipos. Técnica para hacer la cama en relación con el tipo de enfermo asistido

1. La temperatura de las habitaciones del hospital debe oscilar entre:

a) 16-18 ºC.
b) 20-22 ºC.
c) 26-28 ºC.
d) 30-32 ºC.

2. ¿Qué mobiliario de la habitación del paciente no es imprescindible?

a) Mesita de noche y armario.
b) Cama.
c) Sofá pequeño.
d) Silla y/o sillón.

3. ¿En cuántos segmentos móviles se divide el somier metálico de la cama articulada?

a) En 2.
b) En 3.
c) En 4.
d) No tiene divisiones.

4. La cama articulada de somier rígido impide al paciente colocarlo en la posición de:

a) Decúbito supino.
b) Decúbito prono.
c) Decúbito lateral.
d) Fowler.

5. El marco triangular de Balkan lo posee la cama:

a) Ortopédica de Judet.
b) Bouchat.
c) De levitación.
d) Electrocircular o de Striker.

6. El denominado potro se emplea para:

a) Encamar a quemados.
b) Exploración ginecológica.
c) Encamar a pacientes con UPP.
d) Encamar a enfermos con grandes traumatismos.

7. El armazón para el volteo Foster se emplea:

a) Para facilitar al paciente la respiración.
b) Para el cambio postural.
c) Evitar infecciones micóticas.
d) Para liberar de estrés al paciente.

8. ¿De qué otra cama es variante la cama libro?

a) De la cama de levitación.
b) De la cama de exploración o potro ginecológico.
c) De la cama articulada.
d) De la cama Striker.

9. La cama roto-rest se emplea en:

a) Prevención de infecciones en general.
b) Prevención de infecciones en quemados.
c) Inmovilización de pacientes.
d) Prevención de úlceras por presión (UPP).

10. ¿Qué dispositivo o accesorio de la cama hospitalaria es aquel que se coloca sobre el enfermo para que la ropa de la cama descanse sobre él y evitar al paciente el peso de la misma?

a) Férula de acero.
b) Centinelas de cama.
c) Pupitre.
d) Soporte.

11. ¿Cuál de estos elementos es el primero en el orden de lencería?

a) Hule.
b) Entremetida.
c) Manta.
d) Colcha.

12. ¿Qué número de TCAE es recomendable para la técnica de hacer la cama ocupada?

a) Ninguno, ya que se encarga el celador.
b) Uno.
c) Dos.
d) Tres.

13. ¿Qué elementos de estos no puede haber en una cama quirúrgica?

a) Hule o protector.
b) Entremetida.
c) Colchón.
d) Almohada.

14. ¿Cómo se puede abrir la cama quirúrgica, una vez que se lleva a cabo una especie de embozo o dobladillo a los pies de la misma, para la recepción del enfermo?

a) En triángulo o pico.
b) En derrape o arrastre.
c) En tracción anterior.
d) Son ciertas las respuestas a) y c).

15. Para realizar una valoración funcional de las actividades básicas de la vida diaria utilizamos la escala de:

a) Hamilton.
b) Foster.
c) Pfeiffer.
d) Barthel.

16. ¿Qué innovación en las camas hospitalarias facilita la monitorización continua de los pacientes?

a) Tecnología de ajuste automático.
b) Interfaces de control para dispositivos electrónicos.
c) Capacidades de telemetría para monitorear signos vitales en tiempo real.
d) Materiales antimicrobianos integrados.

17. La habitación del paciente debe estar iluminada:

a) Por luces de bajo consumo localizadas en la cabecera de la cama.
b) Por luz natural en la medida de lo posible.
c) Por luces artificiales localizadas en la entrada de la habitación.
d) Ninguna es cierta.

18. Las habitaciones de los enfermos:

a) Deben estar pintadas con colores brillantes y claros.
b) Deben estar pintadas con paisajes que ofrezcan tranquilidad a los enfermos.
c) Deben estar pintadas con colores claros y sin brillo.
d) No importa el color de la pared, sólo del techo.

19. Los límites de humedad aceptables en la habitación de un paciente oscilan entre:

a) 20-30%.
b) 30-40%.
c) 40-60%.
d) Ninguna es cierta.

20. ¿Cuál de las siguientes no es una característica de las camas de hospital?

a) Se mueven fácilmente, para ello están provistas de un sistema de ruedas y frenado de las mismas.
b) Los colchones son generalmente blandos.
c) Están constituidas de forma que el personal que atiende a los enfermos llegue fácilmente a ellas.
d) Están equipadas para que el enfermo ahorre energía.

En MADTEST tienes **más preguntas de este tema**, y todos tus avances quedan registrados y se reflejan en el ranking.

¡Supera tus límites con MADTEST!

Solución al test n.º 16

1. b) 20-22 ºC.

2. c) Sofá pequeño.

3. b) En 3.

4. d) Fowler.

5. a) Ortopédica de Judet.

6. b) Exploración ginecológica.

7. b) Para el cambio postural.

8. c) De la cama articulada.

9. b) Prevención de infecciones en quemados.

10. a) Férula de acero.

11. a) Hule.

12. c) Dos.

13. d) Almohada.

14. a) En triángulo o pico.

15. d) Barthel.

16. c) Capacidades de telemetría para monitorear signos vitales en tiempo real.

17. b) Por luz natural en la medida de lo posible.

18. c) Deben estar pintadas con colores claros y sin brillo.

19. c) 40-60%.

20. b) Los colchones son generalmente blandos.

TEST N.º 17

Medicamentos. Vía de Administración de medicamentos: Oral, rectal y tópica. Precauciones para su administración. Condiciones, almacenamiento y conservación. Caducidades

1. Toda sustancia empleada en la fabricación de un medicamento, ya permanezca inalterada, se modifique o desaparezca en el transcurso del proceso, se llama:

a) Excipiente.
b) Coadyuvante.
c) Materia prima.
d) Principio activo.

2. ¿Cómo se denomina todo medicamento que tenga la misma composición cualitativa y cuantitativa en principios activos y la misma forma farmacéutica, y cuya bioequivalencia con el medicamento de referencia haya sido demostrada por estudios adecuados de biodisponibilidad?

a) Medicamento especial.
b) Medicamento magistral.
c) Medicamento de investigación.
d) Medicamento genérico.

3. ¿Cómo se consideran las «premezclas para piensos medicamentosos» elaboradas para ser incorporadas a un pienso?

a) Medicamentos de uso humano.
b) Medicamentos de uso veterinario.
c) Medicamentos de terapia génica.
d) Medicamentos de origen humano.

4. La farmacodinamia estudia:

a) Los efectos de los fármacos en el organismo.
b) La aplicación de los fármacos en el ser humano con la finalidad de curar o de alterar voluntariamente una función normal.

c) Las reacciones adversas y las enfermedades producidas por los medicamentos.

d) La evolución de un fármaco en el organismo tras su administración por distintas vías, identificando los metabolitos y las modalidades de eliminación.

5. Cuando digo aspirina me estoy refiriendo a:

a) La marca registrada (nombre comercial).
b) Nombre científico.
c) Nombre químico.
d) Nombre genérico.

6. ¿Qué mecanismo de acción de fármacos serán aquellos en los que no intervienen estructuras biológicas especializadas (receptores)?

a) Estocástico.
b) No específico.
c) Específico.
d) Variable.

7. ¿Qué órgano se encarga de la eliminación de los metabolitos?

a) Esófago.
b) Estómago.
c) Hígado.
d) Páncreas.

8. El paso del fármaco de la sangre a los tejidos dependerá de su fijación a:

a) Proteínas plasmáticas.
b) Lípidos serológicos.
c) Glúcidos plasmáticos.
d) ATP circulante.

9. El efecto primario pretendido, es decir, la razón por la cual se prescribe el fármaco, con una dosis mínima eficaz es el efecto:

a) Secundario.
b) Lateral.
c) Terapéutico.
d) Adverso.

10. ¿Qué medicamentos de estos son formas farmacéuticas líquidas?

a) Polvos.
b) Sellos.
c) Emulsiones.
d) Geles.

11. ¿Cuál es la parte de la farmacología que estudia el movimiento de los fármacos en el organismo en función del tiempo y la dosis, desde que se administra hasta su eliminación total?

a) Farmacología clínica.
b) Farmacodinamia.
c) Farmacocinética.
d) Farmacognosia.

12. ¿Cómo se denomina el procedimiento que se lleva a cabo con la hoja de tratamiento correspondiente, para asegurarse al mismo tiempo del nombre del paciente, número de habitación y cama, medicamento y dosis a administrar, vía y horario?

a) Comprobación de los 5 errores o los 5 correctos.
b) Comprobación de la filiación del enfermo.
c) Comprobación de los 8 errores.
d) Nada de lo anterior es cierto.

13. Todo lo que se expone de la administración de un fármaco por vía oral es cierto, excepto que:

a) Puede y debe administrarse un medicamento preparado por otra persona (si requiere lo mismo).
b) No se deben administrar medicamentos en un recipiente mal rotulado.
c) No se debe perder de vista el carrito unidosis o bandeja de medicamentos.
d) Los medicamentos no usados nunca se regresan a los recipientes, se desechan o bien se avisa a farmacia.

14. ¿Qué afirmación es cierta respecto a la administración oftálmica?

a) No deben aplicarse las gotas estando la persona de pie o sentada, solo se pondrá si está en decúbito.
b) Nunca se eliminará el exceso de medicación con una gasa limpia.
c) Se limpiarán los ojos de secreciones con una gasa estéril empapada en una solución irrigante, utilizando una gasa diferente para cada ojo con el fin de no contaminar o extender la infección.
d) No se debe tirar del parpado inferior y sí del superior, para aplicar el medicamento.

15. Los sistemas percutáneos se corresponden con la vía:

a) Tópica.
b) Intratecal.
c) Intraneural.
d) Transdérmica.

16. ¿Qué vía es parenteral directa?

a) Vía subcutánea.
b) Vía intraósea.
c) Vía intraarterial.
d) Son ciertas las respuestas a) y c).

17. ¿Cuál es el motivo por el que se evita la perfusión venosa en las piernas de medicamentos?

a) No existe ningún motivo, y se hace habitualmente en la práctica.
b) Mayor riesgo de infecciones.
c) Mayor riesgo de hemorragias.
d) Mayor riesgo de tromboflebitis.

18. ¿Qué otro nombre recibe la vía subcutánea?

a) Vía transdérmica.
b) Vía intradérmica.
c) Vía hipodérmica.
d) Vía subdérmica.

19. ¿Qué vía de esta es intrarraquídea?

a) Vía intratecal.
b) Vía intraarticular.
c) Vía intraperitoneal.
d) Vía intraótica.

20. Se recomienda y considera, según la OMS, que todos los medicamentos tienen una vigencia máxima, desde su fecha de fabricación, de:

a) 1 año.
b) 3 años.
c) 5 años.
d) 10 años.

En MADTEST tienes **más preguntas de este tema**, y todos tus avances quedan registrados y se reflejan en el ranking.

¡Supera tus límites con MADTEST!

Solución al test n.º 17

1. c) Materia prima.

2. d) Medicamento genérico.

3. b) Medicamentos de uso veterinario.

4. a) Los efectos de los fármacos en el organismo.

5. a) La marca registrada (nombre comercial).

6. b) No específico.

7. c) Hígado.

8. a) Proteínas plasmáticas.

9. c) Terapéutico.

10. c) Emulsiones.

11. c) Farmacocinética.

12. a) Comprobación de los 5 errores o los 5 correctos.

13. a) Puede y debe administrarse un medicamento preparado por otra persona (si requiere lo mismo).

14. c) Se limpiarán los ojos de secreciones con una gasa estéril empapada en una solución irrigante, utilizando una gasa diferente para cada ojo con el fin de no contaminar o extender la infección.

15. d) Transdérmica.

16. c) Vía intraarterial.

17. d) Mayor riesgo de tromboflebitis.

18. c) Vía hipodérmica.

19. a) Vía intratecal.

20. c) 5 años.

TEST N.º 18

Caídas en el anciano. Causas más frecuentes. Factores asociados, factores ambientales. Protocolo de valoración de caídas

1. ¿A qué horas del día son más frecuentes las caídas en los ancianos a nivel residencial?

a) De las 10 a las 12 A.M.
b) De las 7 a las 9 P.M.
c) De las 7 a las 9 A.M.
d) De las 2 a las 5 P.M.

2. ¿En qué época del año disminuye el número de caídas en personas ancianas que viven en residencias?

a) Primavera.
b) Verano.
c) Otoño.
d) Invierno.

3. ¿Qué es falso de las caídas de los ancianos?

a) Son fenómenos no evitables.
b) Están influenciadas por diversos factores de riesgo identificables.
c) Las repercusiones de las caídas trascienden al individuo.
d) Una de las consecuencias son la hospitalización y las intervenciones quirúrgicas que pudieran derivarse de las mismas.

4. ¿Qué porcentaje de ancianos que sufren caídas y son hospitalizados terminan en una residencia tras el alta hospitalaria?

a) 5 %.
b) 15 %.
c) 50 %.
d) 75 %.

5. ¿Qué riesgo de estos como consecuencia de las caídas son por hospitalización?

a) Úlcera por presión.
b) Síndrome postcaída.
c) Fractura secundaria.
d) Ninguna de las anteriores es correcta.

6. Las causas que desencadenan los factores de riesgo de las caídas son siempre:

a) De un solo factor.
b) Multifactorial, sin crecimiento de mayor probabilidad por aumento en el número de factores.
c) Multifactorial, con crecimiento de mayor probabilidad por aumento en el número de factores.
d) La única causa real es la edad del individuo.

7. ¿Qué afirmación es cierta?

a) Los ancianos activos, que generalmente viven en la comunidad, suelen presentar caídas relacionadas con los factores extrínsecos.
b) Los factores intrínsecos tienen una mayor importancia en los ancianos que viven en la comunidad.
c) Los factores intrínsecos tienen una mayor importancia en los ancianos sanos.
d) Son ciertas b) y c).

8. ¿Qué factor de estos no es intrínseco al sujeto en relación con los factores de riesgo de las caídas?

a) Edad.
b) Estado de salud.
c) Consumo de medicación.
d) Vestimenta del sujeto.

9. Las alteraciones auditivas en el anciano, como factor de riesgo de caídas pueden estar localizadas:

a) Exclusivamente a nivel de oído externo.
b) Exclusivamente a nivel de oído medio.
c) En la corteza cerebral.
d) Son ciertas b) y c).

10. Las modificaciones del equilibrio con el envejecimiento, traducen una disminución de la sensibilidad:

a) Estereoceptiva.
b) Visceroceptiva.

c) Propioceptiva.
d) Extereoceptiva.

11. ¿Qué factor de estos no es extrínseco al sujeto en relación con los factores de riesgo de las caídas?

a) Vestimenta del sujeto.
b) La calzada donde camina.
c) El proceso de envejecimiento.
d) El estado de su bastón.

12. El mayor porcentaje de caídas por factores extrínsecos se produce cuando la persona mayor desarrolla actividades:

a) Comunes, dentro de su entorno habitual.
b) Excepcionales, dentro de su entorno habitual.
c) Excepcionales, fuera de su entorno habitual.
d) Comunes, fuera de su entorno habitual.

13. Los mecanismos de prevención de las caídas en el anciano debe de ir dirigidos a:

a) Impedir que estas se produzcan.
b) Impedir que haya reincidencias en las mismas.
c) Disminuir los factores de riesgo tanto intrínsecos como extrínsecos.
d) Todo lo anterior es cierto.

14. ¿Qué elemento de estos considera como un medio preventivo en la producción de caídas en los ancianos?

a) La utilización de ayudas como bastones o andadores.
b) La rehabilitación en determinadas enfermedades tales como hemiparesia, deformidad articular o marcha atáxica.
c) Potenciar la administración de diversos psicofármacos (ejemplo: benzodiacepinas), para limitar el movimiento de los ancianos.
d) Son ciertas a) y b).

15. ¿Qué valoración poseerá el anciano que se mantiene seguro en la escala de valoración de equilibrio cuando está sentado?

a) 0.
b) 1.
c) 2.
d) 3.

16. ¿Cuál es la puntuación máxima de la escala de valoración de equilibrio?

a) 10.
b) 16.

c) 25.
d) 30.

17. En la escala de valoración de la marcha al paciente se le dan las siguientes instrucciones "permanezca de pie con el examinador, camine por el pasillo o por la habitación (unos 8 metros) a «paso normal», luego regrese a «paso rápido pero seguro»; ¿qué valoración numérica en cuanto a la trayectoria se dará si este realiza una desviación leve o moderada o usa ayudas para mantener la misma?

a) 0.
b) 1.
c) 2.
d) 3.

18. ¿Qué valoración poseerá aquel paciente que se levanta sentado en una silla usando los brazos para ayudarse?

a) 0.
b) 1.
c) 2.
d) 3.

19. ¿Qué recomendación en cuanto a caminar debe sugerir el auxiliar al anciano de veces en semana?

a) Al menos 1.
b) Dos.
c) Tres.
d) Todos los días.

20. ¿Cómo deberá actuar el auxiliar ante un paciente geriátrico con cualquier sensación de mareo que comente?

a) Deberá esperar para comprobar que es cierto.
b) Deberá tomar el pulso.
c) Deberá tomar el pulso y la tensión arterial.
d) Deberá tomar el pulso y la tensión arterial, e incluso avisar al médico o DUE si se sospecha que el cuadro puede revestir importancia.

En MADTEST tienes **más preguntas de este tema**, y todos tus avances quedan registrados y se reflejan en el ranking.

¡Supera tus límites con MADTEST!

Solución al test n.º 18

1. c) De las 7 a las 9 A.M.

2. a) Primavera.

3. a) Son fenómenos no evitables.

4. c) 50 %.

5. a) Úlceras por presión.

6. c) Multifactorial, con crecimiento de mayor probabilidad por aumento en el número de factores.

7. a) Los ancianos activos, que generalmente viven en la comunidad, suelen presentar caídas relacionadas con los factores extrínsecos.

8. d) Vestimenta del sujeto.

9. d) Son ciertas b) y c).

10. c) Propioceptiva.

11. c) El proceso de envejecimiento.

12. a) Comunes, dentro de su entorno habitual.

13. d) Todo lo anterior es cierto.

14. d) Son ciertas a) y b).

15. b) 1.

16. b) 16.

17. b) 1.

18. b) 1.

19. c) Tres.

20. d) Deberá tomar el pulso y la tensión arterial, e incluso avisar al médico o DUE si se sospecha que el cuadro puede revestir importancia.

TEST N.º 19

Primeros auxilios para mayores y dependientes. Reanimación Cardiopulmonar. Soporte Vital Básico. Cadena de supervivencia. Actuación del Auxiliar de Enfermería ante un atragantamiento

1. Consideramos que lo ideal sería que supieran técnicas de RCP:

a) Todo el personal sanitario.
b) Todo el personal de primera intervención.
c) Todos los ciudadanos.
d) Todo el personal que trabaje en un servicio sanitario.

2. El estilo Utstein en el soporte vital básico es:

a) Un acuerdo a nivel mundial para consensuar definiciones relacionadas con la RCP.
b) La principal asociación de indicaciones en RCP a nivel europeo.
c) La secuencia de actuación correcta ante una emergencia clínica.
d) Todas son ciertas.

3. En RCP consideramos finalizado el proceso si:

a) Se mantiene la circulación espontánea durante 20 minutos.
b) Llegan los servicios de emergencias extrahospitalaria.
c) Aparece respiración espontánea.
d) Todas las respuestas son ciertas.

4. El primer eslabón de la cadena de supervivencia es:

a) RCP básica.
b) Desfibrilación precoz.
c) Activación de los servicios de emergencia.
d) Soporte vital avanzado.

5. Lo primero que se debe hacer en una situación de emergencia es:

a) Avisar a los servicios sanitarios.
b) Realizar una valoración del paciente.
c) Proteger a nosotros, al paciente y a la zona.
d) Socorrer al herido.

6. El número seleccionado en toda Europa para la activación de los servicios de emergencias es:

a) 112.
b) 061.
c) 060.
d) 092.

7. El cerebro humano sin oxígeno empieza a deteriorarse a los:

a) 10 minutos.
b) 15 minutos.
c) 4 minutos.
d) 1 minuto.

8. La causa más frecuente de parada cardiorrespiratoria en adultos es:

a) Torsades de pointes.
b) FV.
c) FA.
d) Enfermedad terminal.

9. ¿Cuál de las siguientes afirmaciones sobre la valoración de la conciencia es falsa?

a) Es la primera valoración que se realiza en una situación de emergencia.
b) Se realiza mediante una valoración sensitiva y auditiva.
c) Si la víctima responde consideraremos que está consciente.
d) Si la víctima responde de forma anormal o confusa consideraremos que está inconsciente.

10. Para despejar la vía aérea usaremos la técnica de:

a) Tracción mandibular.
b) VOS.
c) Insuflaciones.
d) Dedo en gancho.

11. Un paciente inconsciente que respira:

a) Se deja como está y se avisa a los servicios de emergencias.
b) No hará falta avisar a nadie.
c) Se inicia de forma inmediata las maniobras de RCP.
d) Se coloca en PLS (posición lateral de seguridad).

12. La secuencia correcta entre MCE (masaje cardiaco externo) e insuflaciones es de:

a) 30/2.
b) 15/2.
c) 30/1.
d) Depende del número de reanimadores.

13. El gaspin es:

a) Una técnica de apertura de la vía aérea.
b) Una respiración agónica.
c) Un nivel de conciencia alterado.
d) Una escala para la valoración de la respiración.

14. ¿Cuál de las siguientes afirmaciones sobre el boca a boca es falsa?

a) Debemos tapar los orificios nasales.
b) Debemos sellar la boca del paciente con nuestra boca.
c) Se realizarán 2 insuflaciones cada 30 compresiones.
d) Se realizará una insuflación profunda para mejorar la oxigenación.

15. La maniobra de Heimlich la realizaremos en un paciente:

a) Que presente un OVACE incompleto y esté inconsciente.
b) Que presente un OVACE completo y esté consciente.
c) Que presente un OVACE completo y esté inconsciente.
d) Que no pueda respirar con normalidad.

16. Es un ritmo desfibrilable:

a) TVSP.
b) Asistolia.
c) Sinusal.
d) Bloqueo completo.

17. ¿Cuándo se suspende la RCP básica?

a) Cuando la valoración nos indica que el paciente presenta una PCR.
b) Cuando el paciente necesita una descarga eléctrica.

c) Cuando el reanimador está exhausto.
d) Todas las respuestas son ciertas.

18. No se considera material para la apertura de la vía aérea:

a) Pinzas de Magill.
b) Guía de tubo.
c) Tubos orofaríngeos.
d) Tabla de RCP.

19. La adrenalina se administra:

a) En bolo directo.
b) En perfusión continua.
c) En perfusión corta.
d) Ya no está indicada en PCR.

20. El sulfato de magnesio es:

a) Una catecolamina.
b) Un anticolinérgico.
c) Un antiarritmico.
d) Un depresor del SNC.

Solución al test n.º 19

1. c) Todos los ciudadanos.

2. a) Un acuerdo a nivel mundial para consensuar definiciones relacionadas con la RCP.

3. a) Se mantiene la circulación espontánea durante 20 minutos.

4. c) Activación de los servicios de emergencia.

5. c) Proteger a nosotros, al paciente y a la zona.

6. a) 112.

7. c) 4 minutos.

8. b) FV.

9. d) Si la víctima responde de forma anormal o confusa consideraremos que está inconsciente.

10. a) Tracción mandibular.

11. d) Se coloca en PLS (posición lateral de seguridad).

12. a) 30/2.

13. b) Una respiración agónica.

14. d) Se realizará una insuflación profunda para mejorar la oxigenación.

15. b) Que presente un OVACE completo y esté consciente.

16. a) TVSP.

17. c) Cuando el reanimador está exhausto.

18. d) Tabla de RCP.

19. a) En bolo directo.

20. c) Un antiarritmico.

Atención y cuidados de el/la Auxiliar de Enfermería a ancianos con traumatismos, heridas, quemaduras, shock, intoxicaciones y hemorragias

1. Una patología que puede llevar a la muerte y que debe ser atendida en un tiempo inferior a una hora, según la OMS, es:

a) Un accidente.
b) Un siniestro.
c) Una urgencia.
d) Una emergencia.

2. El mayor pico de mortalidad originado en los politraumatizados es:

a) En la primera hora.
b) En las primeras 24 horas.
c) En las semanas posteriores.
d) La mortalidad en los politraumatizados no presenta un pico reconocido.

3. ¿Cuál es el orden en el que se debe realizar una evaluación en un paciente politraumatizado en la valoración secundaria?

a) Primero se debe realizar un examen neurológico, seguido de una exploración en busca de lesiones externas.
b) Primero se debe realizar un examen neurológico, seguido de una exploración de cabeza, cuello, tórax y abdomen.
c) La evaluación debe comenzar por la exploración de la cabeza, para seguir con cuello, abdomen y pelvis, y finalizar con un examen neurológico.
d) La evaluación debe comenzar por la exploración de cabeza, cuello, tórax, abdomen, pelvis, extremidades y finalizar con un examen neurológico.

4. ¿Qué es un traumatismo craneoencefálico?

a) Un impacto violento recibido por un sujeto en las regiones craneal y facial.
b) Un impacto recibido por un sujeto en la región craneal.

127

c) Una pérdida estructural de una parte del cuerpo.
d) La pérdida del conocimiento por un impacto violento en la región craneal.

5. En la inspección de las pupilas en una valoración neurológica de un paciente con traumatismo craneoencefálico, una relación entre ambas pupilas disocóricas quiere decir que:

a) Ambas pupilas son iguales.
b) Las pupilas no reaccionan.
c) Las pupilas son desiguales.
d) Las pupilas tienen forma irregular.

6. Para valorar la extensión de una quemadura se usa:

a) La regla de los 9.
b) La regla de Wallace.
c) La regla de los 10.
d) Las respuestas a) y b) son correctas.

7. ¿Qué es la uremia?

a) Es una pérdida de conciencia debido a una baja cantidad de glucosa en sangre.
b) Es una pérdida de conciencia debido a una alta cantidad de glucosa en sangre.
c) Es una complicación grave de las enfermedades del riñón, que puede provocar un estado de somnolencia capaz de llevar al coma.
d) Es una complicación leve de las enfermedades del riñón, que puede provocar un estado de somnolencia capaz de llevar al coma.

8. Las catecolaminas producen:

a) Vasoconstricción arterial y venosa, desvía el flujo de sangre de órganos no vitales a los vitales.
b) Elevación de frecuencia cardiaca y respiratoria.
c) Elevación de tensión arterial y gasto cardíaco.
d) Todas las respuestas son correctas.

9. Para poder elaborar un diagnóstico definitivo en un paciente intoxicado se debe recabar la máxima información posible. Se intentará conseguir:

a) Nombre del producto y cantidad del producto ingerido.
b) Vía de administración por la que se ha producido la ingesta y posibles mezclas.
c) Tiempo transcurrido desde la administración del producto y antecedentes patológicos previos del individuo.
d) Todas las respuestas son correctas.

10. ¿Cuál de los siguientes es el tratamiento para la intoxicación por paracetamol?

a) El tratamiento es sintomático.

b) El tratamiento indicado es el lavado gástrico incluso pasadas 12 horas, monitorización cardiaca y administración de bicarbonato sódico.

c) El tratamiento específico es la administración de su antídoto, N-acetilcisteína y si la ingesta es reciente están indicados el lavado gástrico y el carbón activado.

d) El tratamiento consiste en el lavado gástrico y carbón gástrico y la administración intravenosa de flumazenil.

11. ¿Cuál es la clínica de la intoxicación por litio?

a) Náuseas, vómitos, diarrea, ataxia, disartria, depresión del nivel de conciencia, convulsiones, poliuria e hiponatremia.

b) Sopor, pérdida de reflejos, hipotermia, hipotensión y trastornos motores.

c) Alteración del nivel de conciencia, depresión del SNC, ataxia, náuseas y vómitos.

d) Disartria, hiperreflexia, depresión respiratoria, convulsiones e hipotensión.

12. ¿Cuáles son las valoraciones que se deben hacer a un paciente con un traumatismo craneoencefálico?

a) Valoración respiratoria y neurológica.

b) Valoración circulatoria y externa en busca de heridas.

c) Valoración respiratoria, circulatoria y neurológica.

d) Valoración circulatoria e inspección, palpación y auscultación de la cabeza.

13. ¿Qué tres parámetros se evalúan en la atención de enfermería de un paciente con un traumatismo craneoencefálico para evaluar su conciencia?

a) Apertura de ojos, respuesta verbal y respuesta motora.

b) Apertura de ojos, respuesta pupilar ante un foco de luz y respuesta verbal.

c) La relación entre las pupilas, la presión intracraneal y la capacidad pulmonar.

d) Respuesta motora, respuesta verbal y respuesta pupilar a la luz.

14. Los signos y síntomas de las fracturas consisten en:

a) Hinchazón, cambios de color, mareos, náuseas, delirios.

b) Torpeza, sudoración, angustia, fatiga, hinchazón local, arritmias y cambios de humor.

c) Dolor, pérdida de función, deformidad, acortamiento, crepitación, hinchazón local y cambios de color.

d) Ninguna de las respuestas anteriores es cierta.

15. En las fracturas de huesos largos los fragmentos pueden presentar un traslado de:

a) 3 a 6 cm.
b) 1,5 a 5 cm.
c) 2,5 a 4,5 cm.
d) 2,5 a 5 cm.

16. ¿Cuál de estas corresponde al grado IV de fractura abierta?

a) Es una herida abierta de menos de 1 cm de longitud.
b) Es de mayor diámetro sin lesión extensa de los tejidos blandos.
c) No existe el grado IV de fractura abierta.
d) Es más grave, con lesión amplia de tejidos blandos y alto grado de contaminación.

17. ¿Cuál de las siguientes forma parte de los factores de cicatrización de las heridas?

a) Insomnio.
b) Huésped comprometido.
c) Ansiedad.
d) Sistema respiratorio.

18. Cuando la profundidad de la herida atraviesa el tejido subcutáneo hablamos de tipo:

a) Perforante.
b) Profunda.
c) Superficial.
d) Penetrante.

19. Forma parte de la actitud de enfermería en caso de hemorragia dental:

a) Informar al paciente de la necesidad de respirar por la boca y de evitar toser o realizar movimientos bruscos para que no se deshaga el coágulo que se forma.
b) Tomar las constantes vitales de forma continua.
c) Colocar un tapón de gasa humedecido en agua oxigenada en el lugar de la hemorragia e informar al paciente de que debe aprisionarlo fuertemente.
d) Trasladar al paciente al hospital.

20. Sabemos que es una hemorragia arterial cuando:

a) La sangre que brota lo hace de forma continua y babeante. Es de color rojo menos intenso que la sangre arterial (color rojo azulado).
b) La sangre es de color rojo intenso y sale a presión, siendo más acentuada la salida con la sístole cardiaca.

c) Brota de múltiples puntos en forma de sábana (como si de manantiales de agua se tratara). Es de color intermedio entre los dos anteriores.

d) La sangre es de color negro intenso y no se aprecia presión.

En MADTEST tienes **más preguntas de este tema**, y todos tus avances quedan registrados y se reflejan en el ranking.

¡Supera tus límites con MADTEST!

Solución al test n.º 20

1. d) Una emergencia.

2. a) En la primera hora.

3. d) La evaluación debe comenzar por la exploración de cabeza, cuello, tórax, abdomen, pelvis, extremidades y finalizar con un examen neurológico.

4. a) Un impacto violento recibido por un sujeto en las regiones craneal y facial.

5. d) Las pupilas tienen forma irregular.

6. d) Las respuestas a) y b) son correctas.

7. c) Es una complicación grave de las enfermedades del riñón, que puede provocar un estado de somnolencia capaz de llevar al coma.

8. d) Todas las respuestas son correctas.

9. d) Todas las respuestas son correctas.

10. c) El tratamiento específico es la administración de su antídoto, N-acetilcisteína y si la ingesta es reciente están indicados el lavado gástrico y el carbón activado.

11. a) Náuseas, vómitos, diarrea, ataxia, disartria, depresión del nivel de conciencia, convulsiones, poliuria e hiponatremia.

12. c) Valoración respiratoria, circulatoria y neurológica.

13. a) Apertura de ojos, respuesta verbal y respuesta motora.

14. c) Dolor, pérdida de función, deformidad, acortamiento, crepitación, hinchazón local y cambios de color.

15. d) 2,5 a 5 cm.

16. c) No existe el grado IV de fractura abierta.

17. b) Huésped comprometido.

18. b) Profunda.

19. c) Colocar un tapón de gasa humedecido en agua oxigenada en el lugar de la hemorragia e informar al paciente de que debe aprisionarlo fuertemente.

20. b) La sangre es de color rojo intenso y sale a presión, siendo más acentuada la salida con la sístole cardiaca.

**Sujeción e inmovilización mecánica en el anciano.
Material y métodos. Contraindicaciones y medidas
alternativas a la contención mecánica**

1. Actualmente existen varios tipos de contención entre las que no se encuentra:

a) La reducción verbal.
b) La reducción farmacológica.
c) La reducción integral.
d) La reducción física.

2. Cualquier dispositivo, material o equipo aplicado a una persona, unido a ella o cerca de su cuerpo, que no puede ser controlado o retirado con facilidad por ella misma y que deliberadamente evita o intenta evitar su libertad de movimientos y/o el natural acceso a su cuerpo, se llama:

a) Herramientas de contención.
b) Contención deliberada.
c) Contención mecánica.
d) Dispositivo mecánico.

3. Las personas que más padecen las sujeciones mecánicas son:

a) Los menores institucionalizados.
b) Los menores con deterioro cognitivo.
c) Los mayores institucionalizados.
d) Los mayores dependientes.

4. Señala la respuesta incorrecta. Los principales factores de riesgo asociados a la utilización de sujeciones mecánicas son:

a) Conducta disruptiva en menores.
b) Conducta inapropiada (por riesgo de caídas).
c) Necesidad de cuidados instrumentales.
d) Pobreza.

5. ¿Cuál de las siguientes no es una indicación para la contención mecánica con ancianos?

a) Garantizar la inmovilización y el control postural.
b) Facilitar la labor de los profesionales que atienden.
c) Instauración y aseguramiento de medidas terapéuticas.
d) Prevención de caídas.

6. Es causa de contención en el anciano:

a) La prevención de traumatismos.
b) La incontinencia urinaria.
c) Las infecciones víricas.
d) La edad avanzada.

7. La contención mecánica no debe superar:

a) Las primeras 24 horas.
b) Las primeras 48 horas.
c) Los 3-5 días.
d) Los 5-6 días.

8. Con el fin de garantizar la inmovilización y el control postural del paciente, se deberá usar siempre:

a) Contención mecánica durante 3-5 días.
b) La medida menos restrictiva posible.
c) Manipulación medioambiental.
d) Un brazalete de identificación.

9. La llamada "sábana fantasma" se utiliza para:

a) La sujeción de los miembros inferiores.
b) Mantener el tronco erguido.
c) Fijar las rodillas a la cama.
d) Evitar que el paciente se quite el pañal.

10. Señala cuál de las siguientes es una consecuencia negativa de efecto físico del uso de la contención mecánica:

a) Apatía.
b) Depresión.
c) Agresividad.
d) Disminución del apetito.

11. ¿Cuántas personas serán convenientes para someter a un paciente a contención mecánica?

a) Un grupo lo menos numeroso posible.
b) 2 o 3 personas.
c) Serán 4 o 5 personas.
d) Solo una persona será responsable.

12. El momento indicado para la intervención en caso de aplicar la contención mecánica a un paciente será:

a) Mientras destruye los objetos, cuando se detiene a recuperar fuerzas.
b) Cuando esté presente público para que existan testigos.
c) Frente a otros paciente para que el sujeto se sienta coartado.
d) Durante el tiempo en que se le está informando sobre la situación fuera de control.

13. Aunque sea de forma verbal, la sujeción mecánica siempre debe estar autorizada por:

a) El juez.
b) El médico.
c) Un familiar.
d) El propio paciente.

14. Durante la técnica de sujeción terapéutica, un miembro del equipo debe estar visible al paciente para:

a) Asegurarse que las cintas están bien puestas.
b) Comprobar la comodidad del paciente.
c) Tranquilizar al paciente.
d) Reducir la posibilidad de aspiración pulmonar.

15. Para evitar tromboembolismos, sobre todo en ancianos, durante la sujeción mecánica debe liberarse una extremidad de las cuatro cada:

a) 30 minutos.
b) 15 minutos.
c) 10 minutos.
d) 5 minutos.

16. Para poder utilizar un dispositivo de sujeción, todos los centros dispondrán de:

a) Autorización de la autoridad competente.
b) Inspección médica en el momento de la sujeción.
c) Dispositivos para grabar el episodio que justifica la contención.
d) Un nomenclátor, catálogo o inventario actualizado de los dispositivos de sujeción homologados y autorizados para su utilización en el centro con el marcado CE.

17. El primer paso a seguir cuando se va a aplicar la medida de sujeción mecánica será:

a) Planear un plan de cuidados complementario.
b) Dar al paciente la hoja de consentimiento informado.
c) Explicar de forma empática al paciente que se va a proceder a la aplicación.
d) Programar la retirada de las sujeciones.

18. Indica la respuesta incorrecta. Las acciones del equipo sanitario en un paciente sujeto terapéuticamente serán, entre otras:

a) Mantener la dignidad y la autoestima del paciente.
b) Acostumbrar progresivamente al paciente a la seguridad que supone un entorno de aislamiento.
c) Mantener la integridad física del paciente.
d) Mantener contacto verbal regularmente.

19. Con respecto a la sujeción mecánica:

a) Puede ser prescrita por el equipo de enfermería responsable.
b) Un familiar debe estar presente durante la aplicación de la medida.
c) Debe existir un consentimiento informado firmado.
d) El consentimiento informado será extensivo a todos los equipos de sujeción y cualquier situación en la que esté implicado el paciente.

20. Incluso cuando están sujetos, la mayoría de los pacientes necesitan:

a) Profilaxis de trombosis.
b) Medicación antipsicótica de manera concentrada y por vía intramuscular.
c) Técnicas de Animación Sociocultural.
d) Un registro de los accidentes producidos por el uso de las medidas de contención física.

En MADTEST tienes **más preguntas de este tema**, y todos tus avances quedan registrados y se reflejan en el ranking.

¡Supera tus límites con MADTEST!

Solución al test n.º 21

1. c) La reducción integral.

2. c) Contención mecánica.

3. d) Los mayores dependientes.

4. a) Conducta disruptiva en menores.

5. b) Facilitar la labor de los profesionales que atienden.

6. a) La prevención de traumatismos.

7. c) Los 3-5 días.

8. b) La medida menos restrictiva posible.

9. d) Evitar que el paciente se quite el pañal.

10. d) Disminución del apetito.

11. c) Serán 4 o 5 personas.

12. a) Mientras destruye los objetos, cuando se detiene a recuperar fuerzas.

13. b) El médico.

14. c) Tranquilizar al paciente.

15. a) 30 minutos.

16. d) Un nomenclátor, catálogo o inventario actualizado de los dispositivos de sujeción homologados y autorizados para su utilización en el centro con el marcado CE.

17. c) Explicar de forma empática al paciente que se va a proceder a la aplicación.

18. b) Acostumbrar progresivamente al paciente a la seguridad que supone un entorno de aislamiento.

19. c) Debe existir un consentimiento informado firmado.

20. b) Medicación antipsicótica de manera concentrada y por vía intramuscular.

El Personal Laboral al Servicio de la Junta de Extremadura: Convenio Colectivo para el personal laboral (I): Ámbito de aplicación y vigencia. Denuncia. Organización del trabajo. Comisión Paritaria. Clasificación Profesional. Retribuciones

1. ¿En qué fecha fue suscrito el V Convenio Colectivo para el personal laboral al servicio de la Junta de Extremadura?

a) El 13 de marzo de 2005.
b) El 8 de julio de 2005.
c) El 24 de mayo de 2006.
d) El 25 de junio de 2006.

2. El V Convenio Colectivo para el personal laboral al servicio de la Junta de Extremadura fue ratificado por consejo de Gobierno celebrado el:

a) 5 de julio de 2005.
b) 30 de junio de 2005.
c) 24 de mayo de 2005.
d) 7 de julio de 2005.

3. ¿Cuál de los siguientes sindicatos no es uno de los que participó en la ratificación del V Convenio Colectivo para el personal laboral al servicio de la Junta de Extremadura?

a) CSI-CSIF.
b) FSAP-CC.00.
c) FSP-UGT.
d) SAPEX.

4. ¿Quién, en representación de la Junta de Extremadura, ratificó el V Convenio Colectivo para el personal laboral al servicio de la Junta de Extremadura?

a) El Presidente de Extremadura.
b) El Consejero de Economía e Infraestructuras.

c) La Consejera de Hacienda y Administración Pública.
d) La Consejera de Presidencia.

5. ¿A qué grupo pertenece el personal laboral que esté en posesión del certificado de haber cursado un Programa de Garantía Social o equivalente y haya sido seleccionado y contratado para ejercer funciones o desempeñar puestos de trabajo correspondientes a alguna de las categorías incluidas en ese grupo y para las que se haya exigido dicho nivel de titulación?

a) Al Grupo I.
b) Al Grupo V.
c) Al Grupo IV.
d) Al Grupo III.

6. Señala la respuesta incorrecta respecto al V Convenio Colectivo para el personal laboral al servicio de la Junta de Extremadura:

a) Se ratificó por Consejo de Gobierno celebrado el 5 de julio de 2005.
b) Regula las relaciones jurídico-laborales del personal laboral que presta su trabajo en la Junta de Extremadura, sus Organismos Autónomos y cualesquiera otras personas jurídicas de ella dependientes.
c) Es de ámbito inferior a la empresa.
d) Fue ratificado por los representantes de los sindicatos de conformidad con lo dispuesto en el art. 90.2 y 3 del Real Decreto Legislativo 1/1995, de 24 de marzo, por el que se aprueba el Texto Refundido de la Ley del Estatuto de los Trabajadores.

7. ¿Cuántos representantes de las centrales sindicales han de estar presentes, al menos, para que pueda considerarse constituida la Comisión Paritaria y para la válida adopción de sus acuerdos?

a) Seis.
b) Cuatro.
c) Tres.
d) Dos.

8. ¿Cuándo entró en vigor el V Convenio Colectivo para el personal laboral al servicio de la Junta de Extremadura?

a) El mismo día de su publicación.
b) El día siguiente al de su publicación.
c) A los quince días de su publicación.
d) A los seis meses de su publicación.

9. ¿A quiénes obliga expresamente durante su vigencia el V Convenio Colectivo para el personal laboral al servicio de la Junta de Extremadura?

a) A la Junta de Extremadura.
b) A las Centrales Sindicales firmantes.
c) A los trabajadores incluidos en su ámbito personal.
d) Todas las respuestas son correctas.

10. El V Convenio Colectivo para el personal laboral al servicio de la Junta de Extremadura dispone expresamente que las partes firmantes podrán denunciar el Convenio dentro del plazo de:

a) Un mes anterior a su vencimiento.
b) Tres meses anteriores a su vencimiento.
c) Cuatro meses anteriores a su vencimiento.
d) Seis meses anteriores a su vencimiento.

11. ¿En qué plazo prevé el V Convenio Colectivo para el personal laboral al servicio de la Junta de Extremadura que se constituya una Comisión Negociadora en caso de denuncia del mismo?

a) Lo antes posible.
b) En el plazo de un mes a partir de la fecha de denuncia.
c) En el plazo de tres meses a partir de la fecha de denuncia.
d) En el plazo de cinco meses a partir de la fecha de denuncia.

12. Las reuniones de la Comisión Paritaria se celebrarán con carácter extraordinario:

a) Cada dos meses.
b) Cada tres meses.
c) Cada seis meses.
d) Cuando disponga su reglamento de funcionamiento interno.

13. ¿A qué grupo pertenece el personal laboral que posea titulación académica de Bachillerato, Bachillerato Unificado Polivalente o Formación Profesional de Técnico Superior (Formación Profesional de Grado Superior) o Técnico Especialista (Formación Profesional de Segundo Grado) o equivalentes y haya sido seleccionado y contratado para ejercer funciones o desempeñar puestos de trabajo correspondientes a alguna de las categorías incluidas en ese grupo y para las que se haya exigido dicho nivel de titulación?

a) Al Grupo I.
b) Al Grupo II.
c) Al Grupo IV.
d) Al Grupo III.

14. ¿De quién es facultad y responsabilidad la organización del trabajo?

a) De la Junta de Extremadura.
b) Del propio personal.
c) De las centrales sindicales firmantes del Convenio en todo caso.
d) Todas las respuestas son correctas.

15. Señala uno de los criterios en los que se inspira la organización del trabajo:

a) La mejora de la calidad del empleo público, mediante la profesionalización, promoción y la formación del personal.
b) La simplificación de los procesos operativos y mejora de los métodos de trabajo.
c) La evaluación del desempeño.
d) Todas las respuestas son correctas.

16. ¿En qué plazo desde la publicación del V Convenio Colectivo para el personal laboral al servicio de la Junta de Extremadura en el Diario Oficial de Extremadura, se constituirá una Comisión para elaborar su propio reglamento de funcionamiento?

a) Dentro de la semana siguiente.
b) Dentro de los diez días siguientes.
c) Dentro de los quince días siguientes.
d) Dentro del mes siguiente.

17. ¿Cuántos representantes de la Administración forman parte de la Comisión encargada de vigilar la aplicación del V Convenio Colectivo para el personal laboral al servicio de la Junta de Extremadura e interpretar su contenido?

a) Tres.
b) Cinco.
c) Seis.
d) Siete.

18. ¿A qué grupo pertenece el personal laboral que posea titulación académica universitaria de grado superior y haya sido seleccionado y contratado para ejercer funciones o desempeñar puestos de trabajo correspondientes a alguna de las categorías incluidas en ese grupo y para las que se haya exigido dicho nivel de titulación?

a) Al Grupo I.
b) Al Grupo II.
c) Al Grupo IV.
d) Al Grupo III.

19. Señala una de las funciones de la Comisión encargada de vigilar la aplicación del V Convenio Colectivo para el personal laboral al servicio de la Junta de Extremadura:

a) Fijar la cuantía definitiva de las indemnizaciones por traslados forzosos.

b) Intervenir con carácter preceptivo a la vía arbitral o judicial en el intento de solución de cualquier clase de conflicto colectivo que pudiera plantearse entre las partes.

c) Negociar previamente las convocatorias para la cobertura definitiva de puestos de trabajo.

d) Todas las respuestas son correctas.

20. Cualquiera de las partes firmantes del V Convenio podrá instar la constitución de la Comisión Paritaria para solucionar cualquier clase de conflicto colectivo que pudiera plantearse entre las partes. Dicha Comisión deberá ser convocada dentro del plazo improrrogable de:

a) Cuarenta y ocho horas siguientes a la de la fecha de recepción de la solicitud de constitución.

b) Siete días siguientes al de la fecha de recepción de la solicitud de constitución.

c) Diez días siguientes al de la fecha de recepción de la solicitud de constitución.

d) Quince días siguientes al de la fecha de recepción de la solicitud de constitución.

En MADTEST tienes **más preguntas de este tema**, y todos tus avances quedan registrados y se reflejan en el ranking.

¡Supera tus límites con MADTEST!

Solución al test n.º 22

1. b) El 8 de julio de 2005.

2. a) 5 de julio de 2005.

3. d) SAPEX.

4. d) La Consejera de Presidencia.

5. b) Al Grupo V.

6. c) Es de ámbito inferior a la empresa.

7. b) Cuatro.

8. b) El día siguiente al de su publicación.

9. d) Todas las respuestas son correctas.

10. c) Cuatro meses anteriores a su vencimiento.

11. b) En el plazo de un mes a partir de la fecha de denuncia.

12. d) Cuando disponga su reglamento de funcionamiento interno.

13. d) Al Grupo III.

14. a) De la Junta de Extremadura.

15. d) Todas las respuestas son correctas.

16. c) Dentro de los quince días siguientes.

17. c) Seis.

18. a) Al Grupo I.

19. d) Todas las respuestas son correctas.

20. c) Diez días siguientes al de la fecha de recepción de la solicitud de constitución.

TEST N.º 23

**El Personal laboral al servicio de la Junta de Extremadura:
Convenio Colectivo para el personal laboral (II): Provisión de puestos
de trabajo. Horas extraordinarias. Vacaciones. Permisos y licencias.
Medidas complementarias de conciliación de la vida familiar y
laboral. Permisos sin sueldo. Suspensión del contrato.
Excedencia. Reingreso. Jubilación**

1. ¿Con qué periodicidad establece el V convenio colectivo para el personal laboral al servicio de la Junta de Extremadura que se comunicarán las horas extraordinarias al órgano administrativo competente y a los representantes de los trabajadores?

a) Mensualmente.
b) Semanalmente.
c) Trimestralmente.
d) Semestralmente.

2. La compensación por las horas extraordinarias podrá hacerse de común acuerdo entre las partes, mediante el disfrute de tiempo de descanso, con el incremento del:

a) 50%.
b) 60%
c) 70%.
d) 75%.

3. La compensación por las horas extraordinarias se acumulará hasta formar jornadas de trabajo completas, teniendo en cuenta las necesidades del servicio y dentro de un plazo máximo de:

a) 3 meses.
b) 4 meses.
c) 6 meses.
d) 1 año.

4. Señala la respuesta incorrecta respecto a las horas extraordinarias:

a) El valor de la hora ordinaria, hora extraordinaria y hora extraordinaria en domingos y festivos, será el que se establezca para cada Grupo en las tablas salariales.

b) Respecto al personal de prevención y extinción de incendios, el exceso de jornada realizado por el personal laboral temporal que, por causas ajenas al mismo, no haya podido disfrutar del tiempo de descanso correspondiente debido a la extinción de la relación laboral, tendrá derecho a una compensación económica por el valor correspondiente al referido tiempo de descanso.

c) Las partes firmantes del V convenio colectivo para el personal laboral al servicio de la Junta de Extremadura acuerdan que solo se realizarán aquellas horas extraordinarias, que tendrán carácter voluntario.

d) La compensación por exceso de jornada realizado por el personal laboral temporal de prevención y extinción de incendios que, por causas ajenas al mismo, no haya podido disfrutar del tiempo de descanso correspondiente debido a la extinción de la relación laboral, se computará en cuantía igual al importe de una hora ordinaria incrementada en el porcentaje que determinen las Normas de Organización y Funcionamiento de este personal.

5. El período de vacaciones anuales retribuidas no podrá ser sustituido por compensación económica, excepto:

a) Fallecimiento.
b) En caso de conclusión de la relación de servicios.
c) Cese sobrevenido que haya imposibilitado el disfrute de las vacaciones.
d) Todas las respuestas son correctas.

6. Las vacaciones se disfrutarán obligatoriamente, previa autorización, dentro del año natural en que se hubiesen devengado y, como máximo:

a) Hasta el día 31 de enero del año siguiente.
b) Hasta el día 15 de enero del año siguiente.
c) Hasta el día 1 de febrero del año siguiente.
d) Hasta el día 15 de febrero del año siguiente.

7. Las vacaciones podrán disfrutarse en períodos fraccionados, en cuyo caso cada una de las fracciones deberá ser, como mínimo, de:

a) Diez días naturales consecutivos.
b) Siete días naturales consecutivos.
c) Seis días naturales consecutivos.
d) Cinco días naturales consecutivos.

8. A menos que las necesidades del servicio, apreciadas motivadamente por el órgano competente, no lo permitan, el trabajador podrá optar, a su libre elección, por el disfrute de días de sus vacaciones de forma no consecutiva, con un máximo de:

a) Seis días.
b) Cinco días.
c) Cuatro días.
d) Tres días.

9. Salvo que el calendario laboral, en atención a la naturaleza particular de los servicios prestados en cada centro, determine otros períodos, al menos la mitad de las vacaciones se disfrutarán preferentemente en el periodo que media entre:

a) Los días 1 de junio y 15 de septiembre.
b) Los días 1 de junio y 30 de septiembre.
c) Los días 16 de junio y 15 de septiembre.
d) Los días 15 de junio y 15 de septiembre.

10. Salvo que en la Consejería incluya períodos vacacionales anteriores al día 16 de junio o posteriores al día 15 de septiembre, los trabajadores formularán su petición anual de vacaciones a la Secretaría General respectiva, u órgano competente en materia de personal, antes del:

a) 30 de abril.
b) 1 de mayo.
c) 15 de mayo.
d) 31 de mayo.

11. Cuando la Consejería incluya períodos vacacionales anteriores al día 16 de junio o posteriores al día 15 de septiembre, la petición anual de vacaciones por los trabajadores se realizará con una antelación mínima de:

a) Un mes respecto de la fecha prevista para su inicio.
b) Veinte días hábiles respecto de la fecha prevista para su inicio.
c) Quince días hábiles respecto de la fecha prevista para su inicio.
d) Diez días hábiles respecto de la fecha prevista para su inicio.

12. Se suspenderá el inicio o, en su caso, se interrumpirá el disfrute de las vacaciones, si en el momento de iniciar el período vacacional, o durante el disfrute del mismo, la persona afectada:

a) Estuviera en riesgo durante la lactancia.
b) Estuviera en riesgo durante el embarazo.
c) Fuera declarada en situación de baja por incapacidad temporal.
d) Todas las respuestas son correctas.

13. Los trabajadores tendrán derecho a disfrutar cada año natural de unas vacaciones retribuidas con la duración de:

a) Treinta días hábiles por año completo de servicio.
b) Veinticuatro días hábiles por año completo de servicio.
c) Veintidós días hábiles por año completo de servicio.
d) Veintiún días hábiles por año completo de servicio.

14. ¿De cuántos días de permiso por matrimonio o pareja de hecho disfrutarán los trabajadores de la Junta de Extremadura?

a) De un mes.
b) De veinte días.
c) De quince días.
d) De diez días.

15. Señala la respuesta incorrecta:

a) En ningún caso podrán acumularse períodos vacacionales correspondientes a distintos años naturales.
b) El personal laboral fijo de nuevo ingreso tendrán derecho a que se les sean computados, para el cálculo de los días que les corresponda de vacaciones, la totalidad de los servicios prestados durante ese año natural en la Administración de la Junta de Extremadura, tanto en régimen administrativo como laboral, cuando no hubieran podido disfrutar de las vacaciones correspondientes durante la vigencia de la extinguida relación.
c) Cuando el permiso por parto, parto prematuro, adopción o acogimiento, paternidad o permiso acumulado de lactancia haya de iniciarse en coincidencia con el comienzo o durante las vacaciones, la persona afectada podrá disfrutar las vacaciones, o el periodo que restase de estas, inmediatamente y sin interrupción a partir de la finalización del permiso aun cuando haya concluido el año natural.
d) El permiso por matrimonio o pareja de hecho no se podrá acumular al período vacacional.

16. ¿De cuántos días de permiso por nacimiento de hijo, adopción, acogimiento permanente o preadoptivo o práctica de interrupción voluntaria del embarazo, disfrutarán los trabajadores de la Junta de Extremadura?

a) De siete días.
b) De seis días.
c) De cinco días.
d) De tres días.

17. ¿En cuántos días se amplía el permiso por nacimiento de hijo, adopción, acogimiento permanente o preadoptivo o práctica de interrupción voluntaria del embarazo cuando el hecho se produjera en localidad distinta a la residencia habitual del trabajador?

a) En cuatro días.
b) En tres días.
c) En dos días.
d) En un día.

18. En los casos de nacimiento de hijos prematuros que, por cualquier causa, deban permanecer hospitalizados a continuación del parto, el padre o la madre tendrán derecho a ausentarse del trabajo mientras el hijo permanezca hospitalizado, durante:

a) La mitad de la jornada laboral.
b) Tres horas diarias.
c) Dos horas diarias.
d) Una hora diaria.

19. Los trabajadores de la Junta de Extremadura tendrán derecho, en caso de fallecimiento, accidente o enfermedad graves, u hospitalización que requiera la presencia del trabajador junto al enfermo, cuando se trate de familiares en primer grado de consanguinidad (hijos y padres) o afinidad (cónyuges de los hijos y padres políticos), hermanos, cónyuge o pareja de hecho, a un permiso de:

a) Seis días.
b) Cinco días.
c) Dos días.
d) Tres días.

20. Los trabajadores de la Junta de Extremadura tendrán derecho a un permiso por traslado de domicilio sin cambio de residencia de:

a) Cuatro días.
b) Tres días.
c) Dos días.
d) Un día.

En MADTEST tienes **más preguntas de este tema**, y todos tus avances quedan registrados y se reflejan en el ranking.

¡Supera tus límites con MADTEST!

Solución al test n.º 23

1. a) Mensualmente.

2. d) 75%.

3. b) 4 meses.

4. c) Las partes firmantes del V convenio colectivo para el personal laboral al servicio de la Junta de Extremadura acuerdan que solo se realizarán aquellas horas extraordinarias, que tendrán carácter voluntario.

5. d) Todas las respuestas son correctas.

6. b) Hasta el día 15 de enero del año siguiente.

7. b) Siete días naturales consecutivos.

8. b) Cinco días.

9. c) Los días 16 de junio y 15 de septiembre.

10. a) 30 de abril.

11. b) Veinte días hábiles respecto de la fecha prevista para su inicio.

12. d) Todas las respuestas son correctas.

13. c) Veintidós días hábiles por año completo de servicio.

14. c) De quince días.

15. d) El permiso por matrimonio o pareja de hecho no se podrá acumular al período vacacional.

16. c) De cinco días.

17. d) En un día.

18. c) Dos horas diarias.

19. b) Cinco días.

20. d) Un día.

TEST N.º 24

La Ley de Prevención de Riesgos Laborales: Objeto, ámbito de aplicación y definiciones. Derechos y obligaciones: derecho a la protección frente a los riesgos laborales

1. ¿Qué se entiende por "riesgo laboral"?

a) La posibilidad de que un trabajador sufra un determinado daño derivado del trabajo.
b) La posibilidad de que un trabajador sufra una enfermedad en el trabajo.
c) La posibilidad de que un trabajador sufra acoso.
d) El riesgo que supone el ir a trabajar.

2. Indica cuál es la definición de prevención:

a) La probabilidad racional de que un riesgo se materialice de forma inminente.
b) El estudio de los procesos potencialmente peligrosos para el trabajo.
c) Conjunto de actividades o medidas adoptadas o previstas en todas las fases de actividad de la empresa con el fin de evitar o disminuir los riesgos derivados del trabajo.
d) Posibilidad de que un trabajador sufra un determinado daño derivado del trabajo.

3. Según establece el art. 4 de la Ley 31/1995, de 8 de noviembre, de Prevención de Riesgos Laborales, se define como daños derivados del trabajo:

a) La posibilidad de que un trabajador sufra un determinado daño derivado del trabajo.
b) El que resulte probable racionalmente que se materialice en un futuro inmediato y pueda suponer y pueda suponer un daño grave para la salud de los trabajadores.
c) Las enfermedades, patologías o lesiones sufridas con motivo u ocasión del trabajo.
d) Cualquier máquina, aparato, instrumento o instalación utilizada en el trabajo.

4. El objeto y carácter de la norma de la Ley 31/95 de Prevención de Riesgos Laborales dice:

a) La presente Ley tiene por objeto promover la salud de los trabajadores mediante la aplicación de medidas y el desarrollo de las actividades necesarias para la prevención de riesgos derivados del trabajo.
b) La presente Ley tiene por objeto promover la seguridad y la salud de los trabajadores mediante la aplicación de medidas y el desarrollo de las actividades necesarias para la prevención de riesgos derivados del trabajo.

c) La presente Ley tiene por objeto promover la seguridad de los trabajadores mediante la aplicación de medidas y el desarrollo de las actividades necesarias para la prevención de riesgos derivados del trabajo.

d) La presente Ley tiene por objeto promover la seguridad, la salud de los trabajadores y la negociación entre empresa y delegados de prevención, mediante la aplicación de medidas y el desarrollo de las actividades necesarias para la prevención de riesgos derivados del trabajo.

5. Cualquier característica del trabajo que pueda tener una influencia significativa en la generación de riesgos para la seguridad y la salud del trabajador, es:

a) Una condición de trabajo.
b) Un factor de riesgo.
c) Un proceso potencialmente peligroso.
d) Una zona peligrosa.

6. Toda lesión corporal que el trabajador sufra con ocasión del trabajo que ejerza por cuenta ajena:

a) Es un riesgo laboral.
b) Es un accidente.
c) Es una enfermedad profesional.
d) Es una simple circunstancia.

7. Señala la respuesta incorrecta:

a) La Ley de Prevención de Riesgos Laborales se aplica a los operativos de Seguridad civil en casos de catástrofe.
b) La Ley de Prevención de Riesgos Laborales se aplica a las sociedades cooperativas.
c) En el ámbito de la relación laboral de carácter especial del servicio del hogar familiar, las personas trabajadoras tienen derecho a una protección eficaz en materia de seguridad y salud en el trabajo.
d) En los establecimientos penitenciarios, se adaptarán a la Ley de Prevención de Riesgos Laborales aquellas actividades cuyas características justifiquen una regulación especial.

8. Para calificar un riesgo desde el punto de vista de su gravedad, se valorarán conjuntamente la severidad del daño y:

a) La probabilidad de que se produzca.
b) La cantidad de trabajadores de la empresa.
c) La existencia o no de equipos individuales de protección.
d) Las condiciones de trabajo.

9. ¿Quién debe garantizar a los trabajadores la vigilancia periódica de su estado de salud en función de los riesgos inherentes al trabajo?

a) La Inspección de Trabajo.
b) El propio trabajador.
c) El empresario.
d) Las secciones sindicales.

10. El derecho básico reconocido a los trabajadores por la Ley 31/1995, de 8 de noviembre, es:

a) La vigilancia de su estado de salud.
b) Una protección eficaz en materia de seguridad y salud en el trabajo.
c) La formación en materia preventiva.
d) La información, consulta y participación.

11. Entre los principios de la acción preventiva recogidos por el artículo 15 de la Ley de Prevención de Riesgos Laborales, no figura:

a) Evitar los riesgos.
b) Evaluar los riesgos que se puedan evitar.
c) Tener en cuenta la evolución de la técnica.
d) Dar las debidas instrucciones a los trabajadores.

12. En el marco de sus responsabilidades, el empresario realizará la prevención de los riesgos laborales mediante la integración en la empresa de:

a) Los equipos de protección individual.
b) Los Servicios de Prevención propios.
c) La actividad preventiva.
d) La normativa comunitaria.

13. Es un instrumento esencial para la gestión y aplicación del Plan de prevención de riesgos laborales:

a) La jerarquización de la estructura preventiva.
b) La elección de los equipos de trabajo.
c) La evaluación de riesgos.
d) La vigilancia de la salud.

14. La prevención de riesgos laborales deberá integrarse en el sistema general de gestión de la empresa a través de:

a) La política preventiva.
b) El plan de prevención.

c) El consenso de las partes.

d) El poder de decisión del empresario.

15. Podrán realizar el plan de prevención de riesgos laborales, la evaluación de riesgos y la planificación de la actividad preventiva de forma simplificada, en atención a la naturaleza y peligrosidad de las actividades realizadas, empresas cuyo número de trabajadores no exceda de:

a) 30.

b) 50.

c) 80.

d) 100.

16. Los instrumentos esenciales para la gestión y aplicación del Plan de prevención de riesgos laborales son:

a) La evaluación de riesgos y la planificación de la actividad preventiva.

b) La evaluación inicial de riesgos y la formación.

c) La planificación y la gestión de la actividad preventiva.

d) La identificación y la evaluación de los riesgos.

17. En relación a la vigilancia de la salud que ha de garantizar el empresario, el acceso a la información médica de carácter personal:

a) Se limitará al empresario y a los Servicios de Prevención propios.

b) Se limitará al Jefe inmediato del trabajador.

c) Sólo será accesible al propio trabajador.

d) Se limitará al personal médico y a las autoridades sanitarias que lleven a cabo la vigilancia.

18. En relación a la vigilancia de la salud, no es cierto que:

a) El derecho a la vigilancia periódica del estado de salud puede prolongarse más allá de la finalización de la relación laboral.

b) Las medidas de vigilancia y control se llevarán a cabo por personal sanitario.

c) Los resultados de la vigilancia de la salud serán comunicados a los representantes de los trabajadores.

d) Se deberá optar por la realización de aquellos reconocimientos o pruebas que causen las menores molestias al trabajador.

19. El empresario garantizará a los trabajadores a su servicio la vigilancia periódica de su estado de salud:

a) Que deberá prolongarse más allá de la finalización de la relación laboral.

b) Solamente si la duración de la relación de trabajo temporal es superior a los tres meses.

c) Solamente si la duración de la relación de trabajo temporal es superior a los seis meses.

d) Excepto a los contratados por empresas de trabajo temporal.

20. Según recoge el artículo 4 de la Ley 31/1995, quedan específicamente incluidas en la definición de condición de trabajo:

a) Las características particulares de los locales, instalaciones, equipos, productos y demás útiles existentes en el centro de trabajo.

b) La naturaleza de los agentes físicos, químicos y biológicos presentes en el ambiente de trabajo y sus correspondientes intensidades, concentraciones o niveles de presencia.

c) Los procedimientos para la utilización de los agentes citados anteriormente que no influyan en la generación de los riesgos mencionados.

d) Todas aquellas otras características del trabajo, excluidas las relativas a su organización y ordenación, que influyan en la magnitud de los riesgos a que esté expuesto el trabajador.

En MADTEST tienes **más preguntas de este tema**, y todos tus avances quedan registrados y se reflejan en el ranking.

¡Supera tus límites con MADTEST!

Solución al test n.º 24

1. a) La posibilidad de que un trabajador sufra un determinado daño derivado del trabajo.

2. c) Conjunto de actividades o medidas adoptadas o previstas en todas las fases de actividad de la empresa con el fin de evitar o disminuir los riesgos derivados del trabajo.

3. c) Las enfermedades, patologías o lesiones sufridas con motivo u ocasión del trabajo.

4. b) La presente Ley tiene por objeto promover la seguridad y la salud de los trabajadores mediante la aplicación de medidas y el desarrollo de las actividades necesarias para la prevención de riesgos derivados del trabajo.

5. a) Una condición de trabajo.

6. b) Es un accidente.

7. a) La Ley de Prevención de Riesgos Laborales se aplica a los operativos de Seguridad civil en casos de catástrofe.

8. a) La probabilidad de que se produzca.

9. c) El empresario.

10. b) Una protección eficaz en materia de seguridad y salud en el trabajo.

11. b) Evaluar los riesgos que se puedan evitar.

12. c) La actividad preventiva.

13. c) La evaluación de riesgos.

14. b) El plan de prevención.

15. b) 50.

16. a) La evaluación de riesgos y la planificación de la actividad preventiva.

17. d) Se limitará al personal médico y a las autoridades sanitarias que lleven a cabo la vigilancia.

18. c) Los resultados de la vigilancia de la salud serán comunicados a los representantes de los trabajadores.

19. a) Que deberá prolongarse más allá de la finalización de la relación laboral.

20. b) La naturaleza de los agentes físicos, químicos y biológicos presentes en el ambiente de trabajo y sus correspondientes intensidades, concentraciones o niveles de presencia.

**Ley de Igualdad entre Mujeres y Hombres y contra la
Violencia de Género en Extremadura: Disposiciones generales.
Violencia de Género: Disposiciones Generales**

1. Según la Ley 8/2011 de Igualdad de Extremadura, el principio general de actuación que impone a los poderes públicos de Extremadura, en el marco de sus competencias, la obligación de adoptar medidas específicas a favor de las mujeres para corregir situaciones patentes de desigualdad de hecho respecto de los hombres, que serán aplicables en tanto subsistan dichas situaciones, habrán de ser razonables y proporcionadas en relación con el objetivo perseguido en cada caso, se denomina:

a) La igualdad de oportunidades.
b) El respeto a la diversidad y la diferencia.
c) La igualdad de trato entre mujeres y hombres.
d) Acción positiva.

2. Según la Ley 8/2011, ¿qué medidas se establecen para combatir la violencia de género?

a) Exclusivamente la atención a mujeres víctimas de violencia.
b) Sanciones económicas a los agresores.
c) Sensibilización, prevención y derechos de asistencia, protección y recuperación integral para las víctimas y sus familias.
d) Eliminación de los derechos laborales de los agresores.

3. Las técnicas de análisis y planificación que tienen en cuenta la interacción que se produce entre el género y otros factores de discriminación, con el objetivo de atender a la diversidad de las mujeres, mediante la puesta en marcha de mecanismos antidiscriminación de acción integral, se llaman:

a) La interseccionalidad.
b) La transversalidad.
c) La representación equilibrada.
d) El fomento de la diversidad y la diferencia.

4. Según el artículo 2 de la Ley 8/2011, la ley será de aplicación en el ámbito territorial de la Comunidad Autónoma de Extremadura para los siguientes colectivos salvo uno. Indica cuál:

a) Universidad de Extremadura.

b) Todas las entidades que realicen actividades educativas y de formación cualquiera que sea su tipo, nivel y grado.

c) Las Fuerzas Armadas.

d) A las entidades privadas que suscriban contratos o convenios de colaboración con las Administraciones Públicas de Extremadura o sean beneficiarias de ayudas o subvenciones concedidas por ellas.

5. Se entiende que cualquier tipo de trato desfavorable relacionado con el embarazo, la maternidad o la paternidad constituye:

a) Una situación de desigualdad.

b) Discriminación directa por razón de sexo.

c) Discriminación indirecta.

d) Acoso por razón de sexo.

6. ¿Qué implica la "igualdad de oportunidades" según el artículo 3 de la Ley 8/2011?

a) Adoptar medidas para garantizar el acceso a derechos y eliminar discriminación.

b) Tratar a todos de manera idéntica en cualquier situación.

c) Promover leyes generales sin intervención específica en desigualdades.

d) Establecer políticas laborales únicamente para mujeres.

7. En virtud del principio de ruptura de la brecha de género en la Sociedad de la Información, el Conocimiento y la Imaginación ¿Qué han de priorizar los poderes públicos extremeños para la supresión de cualquier tipo de discriminación y el fomento de la igualdad entre mujeres y los hombres?

a) Promover el acceso exclusivo de las mujeres a la tecnología.

b) Implementar políticas de discriminación positiva para hombres.

c) Considerar las implicaciones de género en el avance estratégico hacia la igualdad.

d) Establecer cuotas de participación femenina en empresas tecnológicas.

8. ¿Qué se entiende por "acción positiva" en el marco de esta ley?

a) Programas diseñados exclusivamente para mujeres empresarias.

b) Medidas específicas para corregir desigualdades mediante políticas afirmativas.

c) Aplicación de políticas de igualdad solo en el ámbito educativo.

d) Exclusión de hombres en sectores donde predominan las mujeres.

9. ¿Qué principio fomenta la representación equilibrada según la Ley 8/2011?

a) La promoción exclusiva de mujeres en cargos públicos.
b) La imposición de cuotas exclusivamente femeninas en empresas privadas.
c) La reducción de la participación masculina en las candidaturas políticas.
d) La paridad de género en órganos de representación y toma de decisiones.

10. ¿Qué se entiende por "discriminación interseccional"?

a) La discriminación basada únicamente en el género.
b) La discriminación que combina racismo y sexismo.
c) La discriminación debida a la orientación sexual.
d) La discriminación causada por el lugar de residencia.

11. ¿En qué Título de la Ley 8/2011 se exponen las medidas de prevención de la violencia de género y en la atención y protección a las víctimas de la misma?

a) Título II.
b) Título IV.
c) Título V.
d) Título III.

12. Según el artículo 76 de la Ley 8/2011, ¿qué competencia tiene la Junta de Extremadura en relación con las víctimas de violencia de género?

a) Regular y asegurar las prestaciones y derechos establecidos por esta ley, garantizando los servicios de la Red Extremeña de Atención a Víctimas de la Violencia de Género.
b) Controlar las políticas de inmigración de mujeres víctimas de violencia de género.
c) Establecer los protocolos de actuación para la policía en casos de violencia de género.
d) Gestionar directamente los recursos de los centros de acogida para mujeres víctimas de violencia de género.

13. De acuerdo con el artículo 76 de la Ley 8/2011, ¿qué debe garantizar la Junta de Extremadura respecto a los servicios y recursos de atención a víctimas de violencia de género?

a) Garantizar la accesibilidad de los servicios a todas las mujeres que vivan en la Comunidad Autónoma de Extremadura.
b) Garantizar la accesibilidad de los servicios a todas las personas que vivan en la Comunidad Autónoma de Extremadura.
c) Garantizar la accesibilidad de los servicios a todas las mujeres nacidas en la Comunidad Autónoma de Extremadura.
d) Garantizar que los servicios sean prestados solo a las víctimas que denuncien públicamente la violencia.

14. Según el artículo 77 de la Ley 8/2011, ¿cuál es una de las competencias de la Junta de Extremadura?

a) Establecer las leyes penales relacionadas con los delitos de violencia de género.

b) Crear un sistema de intervención para los agresores de violencia de género.

c) Supervisar los sistemas de seguridad pública en zonas rurales.

d) Fijar la forma y el procedimiento para adecuar y compatibilizar los recursos regulados por esta ley con los de otras administraciones competentes.

15. Según el artículo 77 de la Ley 8/2011, ¿qué competencia tiene la Junta de Extremadura respecto a la coordinación de los recursos de violencia de género?

a) Supervisar la implementación de nuevas leyes estatales sobre violencia de género.

b) Establecer sanciones a las administraciones locales que no cumplan con los recursos de atención.

c) Garantizar la adecuada coordinación de la Red, los recursos, instituciones y medios, tanto materiales como humanos, con la Administración General del Estado.

d) Gestionar directamente todos los centros de refugio para víctimas de violencia de género.

16. Según la Ley 8/2011, ¿cuál de las siguientes competencias corresponde a la administración local?

a) Colaborar con la Junta de Extremadura en la creación de nuevas leyes sobre violencia de género.

b) Programar, prestar y gestionar los servicios de información y asesoramiento y prevención de la violencia de género, y efectuar la derivación a los servicios especializados de la Red de Atención a Víctimas.

c) Garantizar la adecuada coordinación de la Red, los recursos, instituciones y medios, tanto materiales, como humanos con la Administración General del Estado e impulsar las fórmulas de colaboración, cooperación e información mutua que resulten necesarias para garantizar los derechos que establece esta ley.

d) Impulsar la colaboración y la cooperación con las demás comunidades autónomas para garantizar los derechos establecidos por esta ley.

17. Según la Ley 8/2011, ¿qué tarea corresponde a la administración local en relación con los servicios de la Red de Atención a Víctimas de Violencia de Género?

a) Colaborar con la gestión de los servicios de la Red de Atención a Víctimas de Violencia de Género, de acuerdo con lo que se establezca mediante convenio con la administración autonómica.

b) Definir los criterios de sanción para los infractores de la ley de violencia de género.

c) Fijar la forma y el procedimiento para adecuar y compatibilizar los recursos regulados por esta ley con los recursos de las Administraciones Públicas de Extremadura competentes, para prestar servicios de educación, trabajo, salud, servicios sociales y otros implicados en la lucha contra la violencia de género y en la atención a mujeres víctimas de esta violencia.

d) Dirigir los planes educativos en colegios sobre violencia de género.

18. Según la Ley 8/2011, ¿qué función corresponde a la administración local en cuanto a sensibilización y prevención de la violencia de género?

a) Realizar investigaciones científicas sobre las causas de la violencia de género.
b) Establecer nuevas normas sobre los derechos de las víctimas de violencia de género.
c) Organizar la formación de las víctimas para prevenir futuras agresiones.
d) Colaborar, a través de los Servicios Sociales de Base, en el desarrollo de las acciones de sensibilización y prevención.

19. La representación equilibrada es aquella situación que garantice la presencia de mujeres y hombres de forma que, en el conjunto de personas a que se refiera:

a) Cada sexo ni supere el cincuenta y cinco por ciento ni sea menos del cuarenta y cinco por ciento.
b) Ningún sexo supere en más de dos representantes al otro.
c) Cada sexo ni supere el sesenta por ciento ni sea menos del cuarenta por ciento.
d) Ambos sexos tengan el cincuenta por ciento de los representantes.

20. Con el fin de hacer efectivo el derecho constitucional a la igualdad, los poderes públicos adoptarán medidas específicas a favor de las mujeres para corregir situaciones patentes de desigualdad de hecho respecto de los hombres. Tales medidas, que serán aplicables en tanto subsistan dichas situaciones, habrán de ser, en relación con el objetivo perseguido en cada caso, razonables y:

a) Justificadas.
b) Proporcionadas.
c) Consensuadas.
d) Personalizadas.

En MADTEST tienes **más preguntas de este tema**, y todos tus avances quedan registrados y se reflejan en el ranking.

¡Supera tus límites con MADTEST!

Solución al test n.º 25

1. d) Acción positiva.

2. c) Sensibilización, prevención y derechos de asistencia, protección y recuperación integral para las víctimas y sus familias.

3. a) La interseccionalidad.

4. c) Las Fuerzas Armadas.

5. b) Discriminación directa por razón de sexo.

6. a) Adoptar medidas para garantizar el acceso a derechos y eliminar discriminación.

7. c) Considerar las implicaciones de género en el avance estratégico hacia la igualdad.

8. b) Medidas específicas para corregir desigualdades mediante políticas afirmativas.

9. d) La paridad de género en órganos de representación y toma de decisiones.

10. b) La discriminación que combina racismo y sexismo.

11. b) Título IV.

12. a) Regular y asegurar las prestaciones y derechos establecidos por esta ley, garantizando los servicios de la Red Extremeña de Atención a Víctimas de la Violencia de Género.

13. a) Garantizar la accesibilidad de los servicios a todas las mujeres que vivan en la Comunidad Autónoma de Extremadura.

14. d) Fijar la forma y el procedimiento para adecuar y compatibilizar los recursos regulados por esta ley con los de otras administraciones competentes.

15. c) Garantizar la adecuada coordinación de la Red, los recursos, instituciones y medios, tanto materiales como humanos, con la Administración General del Estado.

16. b) Programar, prestar y gestionar los servicios de información y asesoramiento y prevención de la violencia de género, y efectuar la derivación a los servicios especializados de la Red de Atención a Víctimas.

17. a) Colaborar con la gestión de los servicios de la Red de Atención a Víctimas de Violencia de Género, de acuerdo con lo que se establezca mediante convenio con la administración autonómica.

18. d) Colaborar, a través de los Servicios Sociales de Base, en el desarrollo de las acciones de sensibilización y prevención.

19. c) Cada sexo ni supere el sesenta por ciento ni sea menos del cuarenta por ciento.

20. b) Proporcionadas.

Cómo acceder al Curso

Auxiliar de Enfermería
Test

El uso de los códigos **es exclusivo de los compradores de los productos de Editorial MAD**. Cada producto posee un código único y de un solo uso. Es personal e intransferible y da acceso a servicios y contenidos adicionales. Editorial MAD se reserva el derecho de hacer cuantas comprobaciones sean necesarias para identificar al legítimo poseedor del código y dejar de dar servicio a quien haga uso fraudulento del mismo, además de emprender cuantas acciones legales estime oportunas según la legislación vigente.

Deberás acceder a:

mad.es/registro-campus

Si una vez aceptadas las condiciones de uso del Campus decides hacer uso del mismo, necesitarás del siguiente código de acceso junto con los códigos del resto de títulos que se exigen (si fuera el caso):

RBJNI1VLTW